dtv

Was kann ich wissen? Was darf ich hoffen? Was soll ich tun? Was ist der Mensch? Diese von Immanuel Kant formulierten Grundfragen des Philosophierens umfassen das gesamte Spektrum des menschlichen Daseins. Die in diesem Buch versammelten Texte aus Ost und West kreisen um große Zusammenhänge und kleine Einzelaspekte, um Denken, Erkenntnis, Glaube, Liebe, Glück, Leid, Sinnsuche, Freiheit, Gesellschaft, Staat, Natur, Kosmos. Sie bieten Anregungen und Denkanstöße auf der Suche nach Orientierung, nach Welt- und Selbstverständnis. »Philosophische Erkundungen stiften jeden, der ein bewußtes Leben führen will, zu einer eigentümlichen Bekanntschaft mit sich selbst an. Man kann sich in seinem Tun und Lassen, in seinen Perspektiven und Entscheidungen verstanden fühlen im großen Horizont der philosophischen Tradition, die zwar die Probleme nicht gelöst, aber eine Sprache für sie gefunden hat, der nichts Menschliches fremd ist.« *Rüdiger Safranski*

Der kleine Taschenphilosoph

Eine Lesebuch
für Nachdenkliche

Herausgegeben von Brigitte Hellmann

Deutscher Taschenbuch Verlag

Von Brigitte Hellmann bei dtv herausgegeben:
Frauengeschichte(n) (30627)
Mit Sokrates im Liegestuhl (36182)

Originalausgabe
Juni 2004
© Deutscher Taschenbuch Verlag GmbH & Co. KG,
München
www.dtv.de
Das Werk ist urheberrechtlich geschützt.
Sämtliche, auch auszugsweise Verwertungen bleiben vorbehalten.
Umschlagkonzept: Balk & Brumshagen
Umschlagbild: ›Blick auf die Öd‹ (1879) von Hans Thoma (© akg-images)
Gesetzt aus der Stempel Garamond 10/12,5.
Gesamtherstellung: Druckerei C. H. Beck, Nördlingen
Gedruckt auf säurefreiem, chlorfrei gebleichtem Papier
Printed in Germany · ISBN 3-423-34099-1

Inhalt

Platon
Die Verteidigungsrede des Sokrates 9

Marc Aurel
Die Hilfe der Philosophie 17

Heinrich Heine
Fragen 18

Frieder Lauxmann
Die Universität des Nichtwissens 19

Aristoteles
Denken und Vernunft 25

Brigitte Röthlein
Denken 31

Heinrich von Kleist
Grüne Augengläser 38

Gautama Buddha
Klarheit 38

Marcus Chown
Leben auf der Erde 39

Johann Wolfgang von Goethe
Schwebender Genius über der Erdkugel 47

Valentin Braitenberg
Leib und Seele 48

Augustinus
Über die wahre Religion 51

Noble Red Man
Die drei Kräfte der Welt 54

Immanuel Kant
Beantwortung der Frage: Was ist Aufklärung? 56

Karl Marx
Die Klassengegensätze 65

Bertrand Russell
Lob des Müßiggangs 71

Georg Friedrich Wilhelm Hegel
Weltgeschichte und Weltgeist 74

Karl Jaspers
Schema der Weltgeschichte 74

Lee Smolin
Evolutionen 76

George Steiner
Wir sind Gäste des Lebens 81

Erich Fried
Zwischengedanken 83

Umberto Eco
Große Kriege, kleine Frieden 84

Friedrich Nietzsche
Von der Herrschaft der Tugend 87

Platon
Über das Gute 89

Aristoteles
Tugend als Mitte 93

Voltaire
Tugend 97

Epikur
Über das Lebensziel 99

Epiktet
Über die Aufmerksamkeit 100

Erich Fried
Gutsein ist gut 103

Gautama Buddha
Liebende Güte 104

Karl Jaspers
Liebe 105

Georg Christoph Lichtenberg
Über die Macht der Liebe 108

Khalil Gibran
Von der Freundschaft 109

Anton Čechov
Nächstenliebe 111

Anaïs Nin
Absage an die Verzweiflung 111

Pravu Mazumdar
Ein Bild des Glücks 116

Theodor W. Adorno
Zwischen Berg und tiefem Tal 122

John Earle
Ein Mißvergnügter 123

Cicero
Über das Alter 124

Friedrich Nietzsche
Irdische Gebrechlichkeit 127

Kurt Tucholsky
Das ›Menschliche‹ 128

Blaise Pascal
Der Mensch im Zwiespalt 131

Sören Kierkegaard
Entweder – Oder 131

Friedrich Hölderlin
Hyperion an Bellarmin 137

Johannes Kepler
Neujahrsgabe 139

John O'Donohue
Die dunklere Schönheit dämmert langsam 140

Günther Anders
Ob wir nötig sind 143

Ludger Lütkehaus
Prolog im Himmel 144

Simone de Beauvoir
Pyrrhus und Cineas 148

Christian Morgenstern
Es pfeift der Wind 151

Autoren- und Quellenverzeichnis 153

Platon

Die Verteidigungsrede des Sokrates

Was für einen Eindruck meine Ankläger auf euch gemacht haben, ihr Athener, weiß ich nicht; was mich betrifft, so habe ich jedenfalls bei ihren Worten beinahe meiner selbst vergessen. So überzeugend klang, was sie sagten. Und doch haben sie sozusagen kein wahres Wort gesprochen. Am meisten aber wunderte ich mich bei dem vielen, das sie dahergelogen haben, über eines: über die Stelle, ihr müßtet euch hüten, von mir getäuscht zu werden, weil ich ein höchst gewandter Redner sei. Daß sie sich davor nicht scheuten, von mir sogleich dadurch widerlegt zu werden, daß ich mich jetzt gar nicht als großer Redner erweise, das schien mir das Dreisteste von allem, was sie sagten, falls sie nicht etwa den einen guten Redner nennen, der die Wahrheit sagt. Denn wenn sie das damit meinen, dann muß ich freilich zugeben, ein Redner zu sein, wenn auch nicht einer nach ihrer Art. Sie haben also, behaupte ich, so gut wie kein wahres Wort gesagt; von mir aber sollt ihr die ganze Wahrheit hören. Allerdings werden es, bei Zeus, keine schön gesetzten Worte sein, Athener, wie ihr sie von diesen da gehört habt, herausgeputzt mit feinen Ausdrücken und Redensarten. Ihr werdet schlichte Worte zu hören bekommen, wie sie mir gerade einfallen. Denn ich vertraue darauf, daß das, was ich sage, gerecht ist. Keiner von euch soll etwas anderes erwarten. Es würde sich nicht gut machen, ihr Männer, wenn ich in meinem Alter vor euch hinträte wie ein junger Mensch, der gedrechselte Reden erdichtet. Eines aber, ihr Athener, bitte ich mir aus und ersuche euch sehr darum: wundert euch nicht und gebt nicht euren Unwillen kund, wenn ihr mich meine Verteidigung mit den gleichen Worten führen hört, die ich auf dem Markt, bei den Tischen der Geldwechsler, wo viele von euch mich gehört haben, oder anderswo zu gebrauchen pflege. Denn es verhält sich so: Im Alter von mehr als siebzig Jahren stehe ich heute zum ersten Mal vor Gericht; die hier übliche Redeweise ist mir also völlig unbekannt. Stände ich als ein Ausländer hier, dann würdet ihr es mir gewiß nachsehen, wenn ich in der Sprache und auf die Art redete, in der ich auferzogen wäre. So bitte ich euch nun (wie mir scheint, billigerweise), daß ihr mich auf meine Weise sprechen laßt – vielleicht ist sie schlechter, vielleicht aber auch besser – und daß ihr eure Aufmerksamkeit einzig darauf lenkt, ob das, was ich sage, gerecht ist oder nicht. Denn darin zeigt sich die Tüchtigkeit des Richters, die des Redners aber darin, daß er die Wahrheit sagt. [...]

Gehen wir denn zum Anfang zurück, und fragen wir, was das für eine Beschuldigung sei, aus der die Verleumdung entsprungen ist, auf die sich auch Meletos bei der Abfassung seiner Klageschrift stützte. Wohlan: was warfen mir meine Verleumder vor? Gehen wir so vor, wie wenn eine richtige Anklage eingereicht und beschworen worden wäre, deren Text, wenn ich ihn verlesen müßte, etwa so lautete: *Sokrates tut Unrecht und treibt törichte Dinge; denn er forscht nach dem, was unter der Erde und am Himmel ist; die schlechtere Sache machte er zur besseren, und zudem unterrichtet er noch andere in diesen Dingen.*

So etwa lautet die Anklage, und so saht ihr es auch selber in der Komödie des Aristophanes: Dort brachte man einen Sokrates auf die Bühne, der behauptete, er könne in der Luft gehen, und noch viel anderes possenhaftes Zeug redete, von dem ich nichts, weder im ganzen noch im einzelnen, verstehe. Ich sage das nicht etwa, weil ich derartige Kenntnisse für gering achte, wenn einer wirklich etwas davon versteht, und nicht, damit ich nur nicht selbst von Meletos mit so schweren Anschuldigungen verfolgt werde, sondern weil ich, ihr Athener, mit solchen Dingen wirklich nichts zu tun habe. Die meisten von euch kann ich dafür als Zeugen aufrufen, und ich bitte euch, es einander zu sagen und euch gegenseitig aufzuklären, ihr alle, die ihr mich jeweils habt reden hören, und derer sind viele unter euch. Sagt jetzt einander, ob einer unter euch mich jemals, wenig oder viel, über solche Dinge hat sprechen hören. Daraus mögt ihr dann ersehen, daß es sich auch mit dem übrigen so verhält, was die große Menge von mir behauptet.

Damit ist es also nichts, und auch damit nicht, wenn ihr etwa von irgend jemandem gehört habt, daß ich versuche, Menschen zu erziehen und Geld dafür nehme – auch das ist nicht wahr. Allerdings dünkt mich auch das etwas Schönes, wenn einer imstande ist, Menschen zu erziehen, wie der Leontiner Gorgias oder Prodikos von Keos oder Hippias aus Elis. Denn diese alle, ihr Männer, können in diese oder jene Stadt gehen und dort die Jünglinge, die doch bei jedem ihrer Mitbürger, bei wem sie nur wollten, kostenlos in die Schule gehen könnten, durch Überredung dazu bringen, daß sie den Umgang mit jenen Mitbürgern aufgeben, um sich ihnen anzuschließen, daß sie Geld dafür bezahlen und ihnen auch noch Dank dafür wissen. Noch einen anderen gelehrten Mann kenne ich, einen aus Paros, der sich gegenwärtig hier aufhält, wie ich erfahren konnte. Ich traf nämlich zufällig einen Bekannten, der den Sophisten schon mehr Geld gegeben hat als alle anderen zusammen, Kallias, den Sohn des Hipponikos. Diesen fragte ich – er ist nämlich Vater von zwei Söhnen: »Mein lieber Kallias«, sagte ich, »wenn deine beiden Söhne Fohlen oder Kälber wären, dann fänden wir für sie gewiß einen Aufseher, den wir anwerben würden und der dann erreichen könnte, daß sie sich ihrer eigenen Natur nach recht und tüchtig entwickeln. Das wäre wohl ein Bereiter oder ein Bauer. Da sie nun aber Menschen sind, was willst du ihnen für einen Aufseher geben? Wer versteht sich darauf, die menschliche und bürgerliche Tüchtigkeit zu entwickeln? Da du Söhne hast, wirst du dir das gewiß schon überlegt haben. Gibt es so einen«, fragte ich, »oder nicht?« – »Jawohl, es gibt einen«, gab er zur Antwort. »Wen denn«, fragte ich, »woher kommt er, und was nimmt er für seinen Unterricht?« – »Er heißt Euenos, Sokrates«, erwiderte er, »kommt aus Paros und lehrt um fünf Minen.« – Da pries ich den Euenos glücklich, wenn er tatsächlich diese Kunst besitzt und sie so gewissenhaft und geschickt zu lehren weiß. Ich wenigstens würde mich preisen und brüsten, wenn ich das verstünde: aber ich verstehe es eben nicht, ihr Athener.

Vielleicht könnte nun einer von euch entgegnen: »Aber, Sokrates, womit beschäftigst du dich denn? Wie sind diese Beschuldigungen gegen dich entstanden? Wenn du nichts anderes tätest als die anderen Menschen auch, dann wäre gewiß dieses Gerücht nicht entstanden, und man würde, lebtest du wie andere Leute, nicht so von dir reden. Sage uns doch, was es ist, damit wir nicht voreilig über dich urteilen.«

Dieser Einwand scheint mir gerechtfertigt, und ich will versuchen, euch darzulegen, was mir diesen schlechten Ruf und diese falsche Anklage eingetragen hat. So höret denn. Vielleicht werden einige von euch glauben, ich scherze. Ich sage aber die volle Wahrheit. Ich habe diesen Ruf, ihr Athener, infolge einer bestimmten Weisheit bekommen. Was für eine Weisheit ist das denn? Wahrscheinlich ist es ein Wissen menschlicher Art; denn das besitze ich in der Tat. Die aber, die ich eben erwähnt habe, besitzen wohl übermenschliche Weisheit, oder ich weiß nicht, was ich sagen soll. Ich verfüge über solche Weisheit ja nicht, und wer sie mir trotzdem zuschreibt, der lügt und versucht, mich zu verleumden.

Erhebt jetzt keinen Lärm, Athener, auch wenn ihr den Eindruck habt, daß ich prahle. Denn was ich euch jetzt sage, kommt nicht aus mir. Ich kann mich dafür auf jemanden berufen, der völlig glaubwürdig ist. Als Zeugen für meine Weisheit, wenn es denn eine ist, kann ich euch den delphischen Gott stellen.

Ihr kanntet ja alle den Chairephon. Er war mein Freund von Jugend an und ein Freund auch der meisten von euch und der Demokratie, ging kürzlich mit in die Verbannung und kehrte mit euch auch wieder zurück. Ihr wißt ja, was für ein Mann er war und wie ungestüm er sich für eine Sache einsetzen konnte. Das tat er auch, als er nach Delphi kam. Er erkühnte sich, dem Orakel folgende Frage zu stellen – aber jetzt keine Protestrufe, ihr Männer, was ich auch sagen werde! Er fragte also, ob jemand weiser sei als ich. Die Pythia antwortete, daß niemand weiser sei. Diese Antwort wird euch sein Bruder bezeugen können; denn Chairephon selber ist ja gestorben.

Überlegt nun, weshalb ich euch das sage; ich möchte euch erklären, woher die schlechte Meinung über mich entstanden ist. Als ich den Orakelspruch gehört hatte, überlegte ich folgendermaßen hin und her: »Was meint wohl der Gott, und was ist der Sinn seines rätselhaften Ausspruchs? Denn ich bin mir doch weder im Großen noch im Kleinen einer besonderen Weisheit bewußt. Was meint er denn, wenn er behauptet, ich sei der Weiseste? Er lügt doch nicht; denn das ist ihm nicht erlaubt.« Und lange Zeit war ich im unklaren, was er meine. Dann aber stellte ich, wenn auch sehr ungern, folgende Untersuchungen an: Ich ging zu einem der Männer, die als weise gelten, in der Meinung, daß ich, wenn überhaupt irgendwo, dort die Weissagung widerlegen und dann zum Orakel sagen könne: »Dieser da ist weiser als ich; du aber hast *mich* als den Weisesten bezeichnet.« Diesen Mann prüfte ich nun genau, seinen Namen brauche ich nicht zu nennen; es war einer unserer Staatsmänner. Ich machte dabei diese Erfahrung, ihr Athener: In der Unterredung mit ihm bekam ich den Eindruck, er werde wohl von vielen Menschen und am meisten von sich selbst für weise gehalten, er sei es aber nicht; und ich suchte ihm dann klarzumachen, daß er zwar meine, weise zu sein, daß er es aber nicht sei; damit machte ich mich bei ihm und bei vielen Anwesenden verhaßt. Beim Weggehen aber sagte ich zu mir: »Verglichen mit diesem Menschen, bin ich doch weiser. Wahrscheinlich weiß ja keiner von uns beiden etwas Rechtes; aber der glaubt, etwas zu wissen, obwohl er es nicht weiß; ich dagegen weiß zwar auch nichts, glaube aber auch nicht, etwas zu wissen. Um diesen kleinen Unterschied bin ich also offenbar weiser, daß ich eben das, was ich nicht weiß, auch nicht zu wissen vermeine.« Von da ging ich zu einem anderen, den man für noch weiser hält als jenen. Ich bekam dort genau denselben Eindruck und machte mich auch bei diesem und dann noch bei vielen anderen unbeliebt.

Daraufhin fuhr ich nun der Reihe nach fort und merkte dabei mit Betrübnis und Erschrecken, daß ich mir immer mehr Feinde machte. Trotzdem schien es mir nötig, dem Götterspruch größtes Gewicht beizulegen. Ich mußte darum zu all denen gehen, die etwas zu wissen schienen, um zu sehen, was das Orakel meine. Und beim Hund, ihr Athener – denn ich muß euch die Wahrheit sagen –, ich erlebte dabei in der Tat etwa folgendes: Diejenigen, die im größten Ansehen standen, schienen, als ich sie im Sinne des Gottes prüfte, beinahe am dürftigsten zu sein; andere dagegen, die geringer geachtet wurden, machten mir eher den Eindruck von vernünftigen Leuten. Ich muß euch eben erzählen, was ich alles erlebte und welche Mühen ich auf mich nahm, des Orakelspruchs sicher zu sein. Von den Politikern ging ich also zu den Dichtern, zu den Tragödien- und zu den Dithyrambendichtern und den anderen, um mich dort gewissermaßen auf der Tat zu überführen, daß ich unwissender sei als sie. Ich nahm von ihren Werken jene vor, die nach meiner Meinung am besten gearbeitet sind, und bat sie, mir diese zu erklären; ich wollte damit gleichzeitig etwas von ihnen lernen. Ich schäme mich nun, euch die Wahrheit zu sagen. Und doch muß sie gesagt werden. Denn wenn ich so sagen darf: Fast alle von euch würden über diese Werke wohl besser sprechen, als es die Verfasser selber imstande waren. So sah ich auch bei den Dichtern in kurzer Zeit, daß sie ihre Werke nicht aus Weisheit schufen, sondern aus einer gewissen natürlichen Anlage und in göttlicher Begeisterung, ähnlich wie die Seher und Orakelsänger; auch diese reden viel Schönes, verstehen aber nichts von dem, was sie sagen. Etwas Ähnliches scheint mir auch bei den Dichtern der Fall zu sein. Zugleich merkte ich, daß sie meinten, wegen ihres Dichtens auch in allen übrigen Dingen die weisesten Leute zu sein, was sie aber nicht waren. Auch von dort ging ich also weg in der Überzeugung, ihnen ebenso überlegen zu sein wie den Politikern. Schließlich ging ich zu den Handwerkern. Denn ich war mir bewußt, daß ich selbst sozusagen nichts verstehe, daß ich aber in ihnen Leute finden würde, die viel Schönes können. Und darin täuschte ich mich nicht; sie verstanden sich auf das, wovon ich nichts verstand, und waren in dieser Hinsicht weiser als ich. Aber, ihr Athener, diese guten Handwerker schienen mir denselben Fehler zu haben wie die Dichter: weil er seine Fertigkeit geschickt ausübt, glaubt ein jeder, auch in den anderen, selbst den höchsten Dingen der Gescheiteste zu sein, und dieser Irrtum verdunkelte jene Weisheit, so daß ich mich im Namen des Orakels fragte, was mir wohl lieber wäre: so zu sein, wie ich bin, weder ihres Wissens kundig, aber auch frei von ihrem Mangel an Einsicht – oder dann beides so zu haben wie sie. Da antwortete ich mir und dem Orakel, daß ich wohl besser so bleibe, wie ich bin.

Infolge dieser Prüfungen, ihr Athener, sind mir zahlreiche Feindschaften entstanden, und zwar sehr schlimme und heftige, denen viele Verleumdungen entsprangen und auch dieser falsche Ruf, ich sei ein Weiser; denn jedesmal meinen die Zuhörer, daß ich in den Dingen, worin ich die anderen widerlege, selbst weise sei. In der Tat, ihr Männer, scheint aber nur Gott weise zu sein, und mit seinem Orakelspruch will er sagen, daß die menschliche Weisheit wenig oder nichts wert ist. Offenbar nennt er Sokrates in diesem Sinne und bedient sich meines Namens, um ein Beispiel zu geben, als wolle er sagen: »Der ist der weiseste von euch, ihr Menschen, der wie Sokrates erkannt hat, daß er, was die Weisheit betrifft, tatsächlich nichts wert sei.« So gehe ich auch jetzt noch umher und prüfe und erforsche dem Gotte gemäß, wen ich unter den Bürgern der Stadt und den Ausländern für weise halte; und wenn ich dann den Eindruck bekomme, daß er es doch nicht sei, dann helfe ich dem Gott und überführe ihn, daß er nicht weise ist. Und infolge dieser Tätigkeit blieb mir keine Zeit mehr, um in der Öffentlichkeit oder zu Hause etwas Rechtes zu leisten, sondern ich lebe wegen dieser Dienstbarkeit bei dem Gotte in unendlicher Armut.

Dazu kommt nun, daß junge Leute, vor allem Söhne der Reichen, die am besten Zeit dazu haben, mich aus freien Stücken begleiten und mir gerne zuhören, wenn ich die Leute prüfe, und daß sie mich von sich aus sogar nachahmen und versuchen, selbst andere auf die Probe zu stellen; offenbar finden sie dann eine Menge Leute, die zwar meinen, etwas zu wissen, in Wirklichkeit aber wenig oder nichts wissen. Die Leute, die von ihnen geprüft worden sind, zürnen dann mir und nicht sich selbst und sagen, Sokrates sei ein ganz unausstehlicher Mensch und verderbe die Jugend. Wenn sie dann jemand fragt, was er denn tue und was er lehre, haben sie nichts vorzubringen und wissen nichts; damit es aber nicht den Anschein hat, als ob sie in Verlegenheit seien, sagen sie das, was man gegen alle Philosophierenden zur Hand hat: *Er beschäftigt sich mit den Dingen am Himmel und unter der Erde. Er glaubt nicht an die Götter. Die schwächere Sache macht er zur stärkeren.* Die Wahrheit dürfen sie ja nicht sagen, nämlich, daß sie überführt worden sind, sich zwar den Anschein zu geben, als wüßten sie etwas, während sie eben doch nichts wissen. Weil sie nun, wie ich glaube, ehrgeizig, energisch und auch zahlreich sind, und weil sie eindringlich und überzeugend von mir zu reden wissen, haben sie euch mit ihren hartnäckigen, heftigen Verleumdungen schon lange die Ohren gefüllt. Von diesen sind nun Meletos, Anytos und Lykon gegen mich vorgegangen: Meletos, weil er sich im Namen der Dichter gekränkt fühlte, Anytos im Namen der Handwerker und Politiker und Lykon für die Redner. Ich müßte mich darum, wie ich schon anfangs sagte, wundern, wenn es mir gelänge, diese falsche Meinung über mich zu beseitigen, nachdem sie einmal so mächtig geworden ist. Das, ihr Athener, ist die Wahrheit; ich habe euch nicht das geringste verschwiegen oder unterdrückt. Und doch bin ich fast gewiß, daß ich mich gerade dadurch verhaßt mache, und eben dies ist ein Beweis dafür, daß ich die Wahrheit sage, daß darauf die Verleumdungen gegen mich beruhen und daß das die Ursachen dafür sind. Und wenn ihr das – jetzt oder später – prüft, so werdet ihr es finden, wie ich sagte.

Marc Aurel

Die Hilfe der Philosophie

Die Dauer des menschlichen Lebens ist nur ein Augenblick, seine Existenz in dauerndem Fluß; die Wahrnehmungsfähigkeit des Menschen ist schwach, das Gebilde seines Körpers ganz der Fäulnis ausgesetzt, seine Seele unbeständig und orientierungslos, sein Schicksal unberechenbar, sein Reden unbestimmt und verworren. Kurz: Alles Körperliche – ein Fluß, alles Seelische – Schall und Rauch, das Leben – Krieg und kurzer Aufenthalt eines Fremden, der Nachruhm – Vergessen. Was kann uns da noch stützen und helfen? Einzig und allein die Philosophie. Ihre Hilfe besteht darin, den göttlichen Geist in unserem Innern vor Schaden und Verletzung zu bewahren, auf daß er Lüsten und Schmerzen überlegen sei, nichts planlos tue, ohne Lug und Trug und unabhängig sei vom Tun oder Lassen eines anderen, außerdem das, was geschieht und zugeteilt wird, hinnehme, als ob es irgendwie von dort komme, woher er selbst gekommen ist, schließlich den Tod mit heiterer Gelassenheit erwarte, als ob er nichts anderes sei als die Trennung der Grundbestandteile, aus denen jedes Lebewesen besteht. Wenn es aber für die Grundbestandteile selbst nicht schlimm ist, daß sich jedes einzelne ununterbrochen in ein anderes verwandelt – warum fürchtet man dann die Verwandlung und Trennung aller Grundbestandteile? Das ist doch natürlich. Nichts aber ist schlecht, was natürlich ist.

Heinrich Heine

Fragen

Am Meer, am wüsten, nächtlichen Meer
Steht ein Jüngling-Mann,
Die Brust voll Wehmut, das Haupt voll Zweifel,
Und mit düstern Lippen fragt er die Wogen:

»O löst mir das Rätsel des Lebens,
Das qualvoll uralte Rätsel,
Worüber schon manche Häupter gegrübelt,
Häupter in Hieroglyphenmützen,

Häupter in Turban und schwarzem Barett,
Perückenhäupter und tausend andre
Arme, schwitzende Menschenhäupter –
Sagt mir, was bedeutet der Mensch?
Woher ist er kommen? Wo geht er hin?
Wer wohnt dort oben auf goldenen Sternen?«

Es murmeln die Wogen ihr ew'ges Gemurmel,
Es weht der Wind, es fliehen die Wolken,
Es blinken die Sterne, gleichgültig und kalt,
Und ein Narr wartet auf Antwort.

Frieder Lauxmann

Die Universität des Nichtwissens

Zwei Weise begegnen einander. Da fragt der eine: »Sag mir,
woran erkennt man deine Weisheit?« Der gibt zur Antwort:
»Man erkennt sie daran, daß ich bis jetzt gerade diese Frage mir
und anderen noch nie gestellt habe.« Anstatt es bei dieser
Weisheit zu belassen, wollen wir die Torheit begehen, einige
Antworten auf diese Frage zu versuchen. Dabei müssen wir
uns darüber im klaren sein, daß die Betrachtung der Weisheit
niemals die Weisheit selbst ist. Die Erforschung der Weisheit
kann selbst nicht weise sein. Schade für die Philosophen, die ihr
ganzes Leben dieser Betrachtung widmen und gerade dies nicht
wissen – Sokrates ausgenommen.

Und dennoch wollen wir uns über diesen Abgrund des Denkens wagen, vielleicht nur deshalb, um bei diesem Abenteuer
einige Denkverkrustungen loszuwerden. Es geht hier nicht um

praktische Lebensweisheiten, etwa nach der Methode: »Wer andern eine Grube gräbt, soll nicht vergessen, eine Rechnung zu schreiben«, oder: »Heirate lieber einen gestandenen Mann als einen gesessenen«, oder: »Trau keinem unter und auch keinem über dreißig« usw. Es mag Weisheit dazu gehören, solche Erfahrungen zu machen und Lehren daraus zu ziehen, es gehört allerdings keine dazu, sie zu verbreiten. Und so mancher Weisheitslehrer war nicht mehr als ein Sprüchesammler, wie einige fromme Bibelautoren, die im Namen Salomos dessen gesammelte und ihm zugeschriebene Werke posthum herausgaben.

Hier geht es um etwas ganz anderes: Weisheit ist Wissen ohne Wissen. Die wirkliche Weisheit zeigt sich in der unbelegbaren, nicht vorgeformten und oft nicht nachvollziehbaren Wahrheit. Ihre Quellen sind völlig anderer Natur als die eines Lehrbuchs, eines Konversationslexikons oder des Internets. Deshalb ist Weisheit auch nicht lehrbar wie ein Schulfach. Es gibt weise Lehrer. Man erkennt sie jedoch nicht an dem, was, sondern wie sie lehren, und vor allem daran, daß sie von den Schülern geliebt und geachtet werden. Wenn man dann fragt, worin denn ihre Weisheit bestehe, dann wird nichts erklärt, sondern es werden nur Geschichten erzählt. Und hier liegt das Faszinierende an der Weisheit: Sie ist nichts, was man wissen oder besitzen kann. Sie geschieht, sie zeigt sich, sie spielt sich ab. Das brauchen keine Heldentaten zu sein; oft genügen kleine und kleinste Begebenheiten, teilweise völlig unbeachtete Nebensächlichkeiten, um in einem Menschen Weisheit zu erkennen. Letzten Endes ist sie eine ganz neue und zugleich uralte, oft verkannte Dimension des Denkens. Der Weise denkt anders, handelt anders, urteilt anders, denn Weisheit ist der aufregendste Störfaktor im Bereich des menschlichen Denkens. Sie fragt nicht nach Gründen, sie ist selbst ein Grund. Wer aber anders denkt als die anderen, stört diese beim Nichtdenken. Weisheit regt auf.

Wissen und Vernunft wurden seit der Renaissance zunehmend als einzige Quelle der Weisheit angesehen. Dies war und bleibt ein fundamentaler Irrtum. Die Worte Weisheit und Wissen stammen in der deutschen Sprache zwar aus der gleichen Wurzel, aber die Stämme haben sich auseinanderentwickelt. Oft wurden sie früher gleichgesetzt oder verwechselt. Noch Lichtenberg schien nicht genau zwischen Wissen und Weisheit zu trennen, obwohl gerade er ein Muster an Weisheit war. Er notierte einmal: »Jetzt sucht man überall Weisheit auszubreiten, wer weiß, ob es nicht in ein paar hundert Jahren Universitäten gibt, die alte Unwissenheit wiederherzustellen.« Wenn man diesen Satz in heutiger Zeit richtig verstehen will, dann müssen wir ihn so lesen: »Jetzt versucht man überall, Wissen anzuhäufen und auszubreiten. Wer weiß, ob es nicht in ein paar Jahrhunderten Universitäten gibt, die sich damit befassen, den alten, ungehinderten, nicht durch zu viel Wissen belasteten Zugang zur Weltweisheit wieder zu ermöglichen und herzustellen.« Seit dieser Vermutung Lichtenbergs sind über zweihundert Jahre vergangen. Sind dies schon die »paar Jahrhunderte«, die er vermutet hatte? Haben wir solche Universitäten schon, die Un-wissenheit herstellen statt Uni-Wissenheit? Natürlich nicht, im Gegenteil, noch werden in ihnen Stellen in Richtung auf ein für die Wirtschaft nützliches Wissen umgewidmet. Es gibt jedoch im Denken der Menschen starke Strömungen, die in die andere, Lichtenbergsche Richtung weisen. Doch hier müssen wir aufpassen, daß eine solche Strömung nicht in falsche Kanäle fließt. Wissensabwehr ohne Weisheit läßt höchstens auf banale Dummheit schließen. Wissensverzicht aus Weisheit ist etwas ganz anderes, Geheimnisvolles, Unbequemes.

Und so finden wir eine neue Erklärung, die vor einem halben Jahrhundert noch undenkbar gewesen wäre: Weisheit findet sich in dem Teil des menschlichen Denkens, der sich nicht programmieren läßt. Dieser Satz faßt längst nicht das ganze

Phänomen, denn ein solches Denken könnte auch dumm und absurd sein. Daher muß noch ein anderer Faktor betrachtet werden: Weisheit ist ein Denken, das aus der Verliebtheit in die Welt hervorgeht. Die Weisheitslehrer des Alten Testaments hatten dafür eine religiöse Erklärung: Alle Weisheit kommt von Gott. Sie läßt sich nicht von seiner Liebe trennen. Nun reicht auch diese Erklärung nicht aus, es muß noch etwas hinzukommen. Es darf nicht bei der Verliebtheit bleiben. Sie wäre wirkungslos ohne einen Liebesakt. Weisheit muß etwas Positives, Gutes hervorbringen, sie muß sich in der Welt zeigen und direkt oder indirekt etwas bewirken können. Wo sie Privatbesitz bleibt, ist es besser, über sie zu schweigen. So gibt es also vier Faktoren, die weiträumig das Denkfeld eingrenzen, in dem Weisheit gedeihen kann:

1. Weisheit ist nicht speicherbar, sie geschieht;
2. sie ist unsystematisch, also auch nicht programmierbar;
3. sie gedeiht nur in der Liebe zur Welt;
4. sie bringt das Gute hervor.

Einer der wenigen Definitionsversuche dessen, was Weisheit sein könnte, stammt von Arthur Schopenhauer: »Weisheit scheint mir nicht bloß theoretische, sondern auch praktische Vollkommenheit zu bezeichnen. Ich würde sie definieren als die vollendete, richtige Erkenntnis der Dinge, im Ganzen und Allgemeinen, die den Menschen so völlig durchdrungen hat, daß sie nun auch in seinem Handeln hervortritt, indem sie sein Tun überall leitet.« (Parerga und Paralipomena II. § 339) Weisheit, so verstanden, muß sich also am Tun und nicht nur am Reden und Schreiben erweisen. Leider ist auch der große Schopenhauer ein Beispiel dafür, daß Dozieren über Lebensweisheit noch nicht unbedingt auf die Weisheit des Dozenten schließen läßt.

Die Weisheit war angeblich seit Urzeiten die Geliebte der

Denker, was viele dieses Standes jedoch nicht daran hinderte, sie zu mißbrauchen und dann zu verachten. Die Weisheitsliebe – Philosophie – aus den Wortstämmen Philia (Liebe, Vorliebe, Neigung, Freundschaft) und Sophia (Weisheit) wurde in Griechenland zur Berufsbezeichnung der Denker. Wo es jedoch nur ums bloße Geschäft mit der Weisheit ging und nicht auch um die Liebe, redete man oft abschätzig von Sophisten. Platon schrieb in seinem Dialog ›Sophistes‹: »Nur ein eingebildetes Wissen besitzt der Sophist und nicht die Weisheit.« Dabei kann gleich gesagt werden, daß diese Sophia auch als Sammelbegriff für allerlei Wissen über Gott und die Welt sowie als Depot für Spekulationen jeglicher Art gebraucht und mißbraucht wurde. Sophia wurde immer mehr zur Universalgeliebten, kein Wunder, wenn sie für manche dabei ihre Unschuld verloren hat.

Philosophie war bis in die Zeit der Renaissance ein allgemeiner Begriff, der einen großen Teil der damaligen Wissenschaften umfaßte: Philosophie im engeren Sinne, Theologie, Mathematik und Physik (im Sinne von Naturwissenschaft insgesamt) und manches andere, z. B. Staatslehre, Astrologie und Astronomie. Die Philosophie »im engeren Sinne« magerte immer weiter ab, was sich leider nicht auf das Gewicht der Worte auswirkte, die sie von sich gab. Nach der Ausklammerung von Theologie, Mathematik, Staatslehre, Physik (Naturwissenschaft) und gar noch der Psychologie, Logik und Linguistik ist die Philosophie nur noch ein dünner, zudem schwer verdaulicher »echter« Rest geblieben. Doch woraus besteht der Rest? Vielleicht aus dem Nichts, auf das sich manche Philosophen warfen wie eine hungrige Meute auf einen einzigen hingeworfenen, dazu schon längst abgenagten Knochen. Philosophen, die die Weisheit zernagen, hinterlassen allenfalls das Nichts, wie zum Beispiel Jean-Paul Sartre, der am Ende seines rund tausend Seiten starken Monumentalwerks ›Das Sein und das Nichts‹ bekannte: »Der Mensch ist eine nutzlose Leidenschaft.« Hätte er das schon auf

Seite 1 gesagt, um fortan schweigend im Lotussitz zu verharren, hätte ein ganzer Wald vor der Papierindustrie gerettet werden können. Wäre Sartre ein Weiser gewesen, dann hätten seine umfangreichen Überlegungen nicht in Resignation enden dürfen. Liebe resigniert nicht. Zumindest die Liebe der Weisheit.

Daß die Philosophie ihre Abhängigkeit von der Weisheit vergessen und übersehen hat, war ihr größter Sündenfall. Sich von der Liebe zu lösen, um von ihr unabhängig zu sein, das folgte aus der Erfahrung, daß sich die Weisheit nicht beherrschen läßt. Wer jedoch selbst allein herrschen will, muß auf sie verzichten. Weisheit läßt sich nicht herbeizwingen, sie wartet, bis man sie wieder liebt. Jeder Mensch kann die ihm unmittelbar erkennbare und zugänglich werdende Weisheit erfassen und lieben. Philosoph im ursprünglichen Sinne des Wortes kann man werden, wie man Musikliebhaber wird: aus Liebe zu einer geistigen Sache. Seit Urzeiten hat es zahlreiche Menschen gegeben, die einen ungehinderten Zugang zur Weisheit gepflogen haben und pflegen. Uralte Erkenntnisse können dem Menschen immer wieder neu aufleuchten, dazu kommt es nicht auf das viele Wissen an. Unwissen zeichnet niemanden aus, sinnlos angehäuftes Wissen allerdings auch nicht. Lichtenbergs Zukunftsuniversität müßte sich um dieses Dilemma kümmern. Sie könnte völlig neue, andersartige und belebende Impulse für unser gesamtes Bildungssystem geben. Eine Kultur, in der Weisheit nicht als höchstes Ideal geschätzt wird, hört bald auf, eine zu sein. Doch wohin führt es, wenn die Weisheit nicht geliebt wird, sondern als Mittel dienen soll, das Universum zu beherrschen?

Aristoteles

Denken und Vernunft

Was weiter denjenigen Bestandteil der Seele betrifft, mit dem sie die Objekte erkennt und begreift, mag er nun für sich abgesondert oder wenigstens, wenn nicht räumlich, doch begrifflich abgesondert sein, so haben wir zu erwägen, was sein unterscheidendes Wesen ist, und wie denn nun das Denken zustande kommt. Ist wirklich der Vorgang beim Denken derselbe wie beim Wahrnehmen, so würde er das Erleiden einer Einwirkung von dem Objekte des Denkens oder doch etwas dem Ähnliches sein. So muß dann aber das Vermögen des Denkens einer äußerlichen Einwirkung unzugänglich, dagegen aber fähig sein, die *Form* des Objekts in sich aufzunehmen; es muß wohl dem Vermögen nach ähnlichen Wesens sein wie das Objekt, aber es darf nicht dieses Objekt selbst sein; wie das Vermögen der Wahrnehmung sich zu dem Objekte der Wahrnehmung verhält, ganz ähnlich muß sich das Vermögen des reinen Denkens, der Nus, zu den Objekten des Denkens verhalten. Es muß also, weil es *alles* denkt, ungemischt sein, wie Anaxagoras sich ausdrückt, um alles zu bemeistern, d. h. alles zu erkennen. Denn was nebenbei als Fremdes mit erscheint, das hindert nur und steht im Wege. Das Denken darf demnach selbst keine eigene Natur als allein diese haben, dem Vermögen nach jegliches zu sein. Was man also in der Seele die Vernunft, den Nus, nennt – und unter Vernunft verstehe ich das in der Seele, womit sie überlegt und Gedanken bildet –, das ist von dem, was ist, noch nichts in Wirklichkeit, solange es nicht denkt. Darum läßt sich auch nicht annehmen, daß es an den Leib verhaftet sei als dessen Bestandteil. Denn dann würde es eine bestimmte Beschaffenheit annehmen; es würde warm oder kalt sein, oder es würde ein Organ dafür vorhanden sein, wie für das Vermögen der

Wahrnehmung; so aber gibt es nichts dergleichen. Und so ist es denn wirklich ein treffendes Wort, wenn man die Seele als den *Ort der Formen* bezeichnet; nur daß es nicht von der ganzen Seele gilt, sondern allein von der denkenden Seele, und daß die Formen nicht aktuell, sondern potentiell in ihr vorhanden sind.

Daß aber die Unabhängigkeit von äußerer Einwirkung bei der wahrnehmenden Seele nicht die gleiche ist wie bei der denkenden Seele, das wird klar durch einen Blick auf die Wahrnehmungsorgane und ihre Wahrnehmungen. Der Sinn nämlich büßt Wahrnehmungsvermögen ein infolge eines überaus mächtigen Eindrucks, z. B. das Gehör infolge allzu gewaltiger Schalleinwirkungen, Gesicht und Geruch infolge starker Farben- und Geruchseindrücke. Wenn dagegen das Denkvermögen Gegenstände von ganz besonderer Mächtigkeit für das Denken gedacht hat, so denkt es das weniger Mächtige nicht mit geringerer, sondern mit gesteigerter Kraft. Das Sinnesvermögen existiert eben nicht ohne Leib, das Denkvermögen dagegen ist selbständig. Aber wenn es so zu jeglichem wird, wie man es von dem sagt, der wirklich ein Wissender ist – dies aber tritt ein, sowie er sich aus sich selbst heraus zu betätigen vermag –, so ist es auch dann noch gewissermaßen nur potentiell; aber es ist dies doch nicht mehr in dem Sinne wie vorher, bevor es gelernt oder gefunden hatte. Und dann ist die Zeit gekommen, wo es *sich selbst zu denken* vermag.

Da nun aber weiter Größe etwas anderes ist als der Begriff Größe, Wasser etwas anderes als der Begriff Wasser – dasselbe gilt von vielen anderen Objekten, wenn auch nicht von allen; denn bei manchen ist beides identisch –, so erfaßt auch das Denkvermögen den Begriff Fleisch durch ein anderes Organ oder doch durch ein anderes Verhalten des Organs, als womit es das Fleisch erfaßt. Denn Fleisch ist nicht ohne Materie; es ist wie etwa das Stumpfnasige eine bestimmte Form in bestimmter Materie. Man faßt demgemäß das Warme und das Kalte vermittelst der sinnlichen Wahrnehmung auf und ebenso die Bestandteile, wovon ein gewisses Verhältnis Fleisch darstellt. Dagegen den Begriff Fleisch erfaßt man vermittelst eines anderen Vermögens, das entweder abgetrennt selbständig ist, oder dessen Verhalten zu jenem ähnlich ist dem Verhalten der gebrochenen Linie zu ihr selber, wenn sie zur gestreckten wird. Und wieder bei den mathematischen Gegenständen, deren Wesen die Abstraktion ist, hat das Gerade eine ähnliche Stellung wie vorher das Stumpfnasige; denn es hängt an der kontinuierlichen Ausdehnung. Der Begriff aber, die Geradheit, vorausgesetzt, daß der Begriff Geradheit etwas anderes ist als das Gerade, ist davon verschieden; wir können es bei der Definition als Zweiheit bewenden lassen. Das Denkvermögen also faßt ihn mit einem anderen oder mit einem sich anders verhaltenden Vermögen auf. Und so ganz allgemein; wie die Objekte von der Materie zu trennen sind, so ändert sich auch der Vorgang im Denken.

Da erhebt sich nun ein Bedenken. Wenn die Vernunft [der Nus als oberstes Denkvermögen] etwas Einfaches, keiner Einwirkung von außen Unterworfenes ist und nach dem Ausspruch des Anaxagoras mit nichts anderem Gemeinschaft hat: wie vermag sie zu denken, wenn denken heißt, eine Einwirkung erleiden? Denn auf Grund dessen, daß zwischen zwei Dingen eine Gemeinschaft besteht, nimmt man an, daß das eine wirkt und das andere leidet. Und zweitens fragt es sich, ob auch die Vernunft selber Objekt des Denkens sein kann. Denn entweder wird auch das andere [das von ihr Gedachte] Vernunft besitzen, wenn die Vernunft nicht kraft eines anderen, sondern rein durch sich selbst Gegenstand des Denkens sein soll und alles, was Objekt des Denkens ist, der Gattung nach eines ist; oder die Vernunft wird unter ihren Bestandteilen einen haben, wodurch sie selber erst, ebenso wie das andere, zum Gegenstande des Denkens gemacht wird. Doch wir haben das Erleiden von Einwirkungen infolge einer Gemeinschaft mit anderem schon oben dahin bestimmt, daß potentiell die Vernunft in gewissem Sinne die Objekte des Denkens selber, aktuell aber noch keines von ihnen ist, solange sie noch nicht denkt. Potentiell also, das ist wie auf einer Schreibtafel, auf der noch nichts wirklich Geschriebenes vorhanden ist. So ist es mit der Vernunft. Sie ist selbst Objekt des Denkens, ganz wie die Objekte, die gedacht werden. Denn bei den Objekten ohne Materie sind das Denken und das Gedachte eines und dasselbe. *Die reine denkende Erkenntnis und das durch das reine Denken zu Erkennende sind eines und dasselbe.* Dann bleibt aber noch weiter die Frage zu erwägen, was der Grund ist, daß der Geist nicht immer denkt. In den materiellen Objekten andererseits steckt potentiell jegliches, was Objekt des Denkens ist. Und so wird diesen materiellen Objekten Vernunft nicht zukommen; denn die Vernunft ist das Vermögen, mit diesen Objekten eins zu werden ohne ihre Materie; der Vernunft aber wird die Eigenschaft zukommen, Objekt des Denkens zu sein.

Wie es in dem ganzen Weltall eines gibt, was die Materie für jede Gattung des Seins ausmacht – es ist das, was potentiell alles das ist, was der jedesmaligen Gattung angehört –, und dazu ein anderes, der gestaltende Grund: so genannt, weil es alle Gestaltung schafft – es ist das gleiche Verhältnis wie zwischen der Kunst und ihrem Material –, so muß es auch in der Seele diese beiden verschiedenen Momente geben. Und so ist denn da in der Tat einerseits die Vernunft mit jener Beschaffenheit, daß sie alles wird, und andererseits die Vernunft mit dieser Beschaffenheit, daß sie alles gestaltet, gleich einer Art von kunstfertiger Macht, vergleichbar dem Lichte. Denn in gewissem Sinne macht auch das Licht erst aus dem, was potentiell Farbe ist, wirklich Farben. Die Vernunft in letzterem Sinne nun ist *das, was abgetrennt für sich, jedem äußeren Eindruck unzulänglich, ungemischt, vom Wesen reine Wirksamkeit ist.* Denn immer steht das, was wirkt, höher als das, was leidet, und der gestaltende Grund höher als die Materie. *Die wirklich gewordene Erkenntnis aber ist mit dem Objekt identisch.* Wohl geht die Erkenntnis als potentielle im einzelnen Subjekt der Zeit nach voran, prinzipiell aber auch nicht der Zeit nach. Doch es ist auch das nicht richtig, daß die Vernunft zu Zeiten denkt, zu Zeiten nicht denkt. Ist sie aber losgetrennt, rein für sich, so ist sie nur noch das, was sie in Wahrheit ist, und *dies allein ist in uns das Unsterbliche und Ewige.* Aber wir behalten keine Erinnerung, weil die reine Vernunft für äußere Eindrücke unempfänglich ist. Die äußerer Einwirkung zugängliche Vernunft aber ist vergänglich und denkt keinen Gedanken ohne jene.

Das Denken des ungeteilt Einfachen, des Begriffs, bewegt sich auf einem Gebiete, wo ein Irrtum nicht stattfindet. Das Gebiet, wo das Falschsein und das Wahrsein vorkommt, ist dagegen bereits das der Verknüpfung von Begriffen als zur Einheit verbundenen. Es erinnert an die Schilderung des Empedokles: Köpfe entsprossen von mancherlei Art, doch fehlten die Hälse; danach erst würden sie durch die Freundschaft zur Einheit verbunden. So sind auch die Begriffe zunächst abgetrennt und werden dann zur Einheit verknüpft, z.B. Inkommensurabel und Diagonale. Handelt es sich aber um Vergangenes oder Zukünftiges, so wird, indem die Vereinigung vollzogen wird, auch gleich die Zeit hinzugedacht. Wo ein Falschsein ist, da liegt es immer an dieser Verknüpfung. Man hat z.B. dem Weißen das Nicht-Weiß und dem Nicht-Weißen das Weiß beigelegt. Das alles darf man auch von Sätzen gelten lassen, in denen ein Begriff dem anderen abgesprochen wird.

Jedenfalls aber liegt das Richtig- und Falschsein nicht bloß in der zeitlosen Aussage, etwa daß Kleon blaß ist, sondern auch darin, daß er es war oder sein wird. Was aber die Vereinigung vollzieht in jedem dieser Fälle, das ist die denkende Vernunft.

Nun bedeutet aber das ungeteilt Einfache zweierlei: nämlich entweder das potentiell oder das aktuell Ungeteilte. So hindert nichts daran, wenn man die Längenausdehnung denkt, sie als ungeteilte Einheit zu denken – denn aktuell ist sie ja ungeteilt – und ebenso diese Einheit in ungeteilter Zeit zu denken; denn die Zeit ist in demselben Sinne geteilt und ungeteilt, wie die Länge es ist. Demnach läßt sich denn auch nicht sagen, welches Stück des Ganzen einer in der einen oder in der anderen Zeithälfte denkt. Denn wenn die Teilung nicht wirklich vollzogen ist, so existiert solche Hälfte nur potentiell. Wer aber jede der beiden Hälften getrennt denkt, der teilt damit zugleich auch die Zeit, und dann sind auch die Hälften gleichsam zwei Linien; und denkt man die Länge als aus zwei Teilen bestehend, so denkt man sie auch in der den beiden Teilen entsprechenden Zeit.

Was dagegen ungeteilt ist nicht der Quantität, sondern der Art nach, das denkt die Vernunft in ungeteilter Zeit und in einem ungeteilten seelischen Akte; nur nebenbei kann ein Teilen des Unteilbaren stattfinden, und nicht in dem Sinne, daß jenes beides, der Denkvorgang und die Zeit, in der er sich vollzieht, wirklich geteilt wären, sondern so, daß beides dem Wesen nach unteilbar ist. Denn auch in diesen ist etwas Unteilbares, wenn auch gewiß nicht für sich Abtrennbares, was die Zeit und die Linie zur Einheit macht, und dies ist gleichmäßig in allem, was kontinuierlich ist, in der Zeit wie in der Linie. Der Punkt aber und alles, was eine Teilung setzt, und das in gleichem Sinne Ungeteilte macht sich kennbar in derselben Weise wie die Privation, und auch in den anderen Fällen ist das Verhältnis ganz ähnlich. Es ist die gleiche Art, wie die Vernunft etwa das Schlechte und das Schwarze erkennt; sie erkennt beides eigentlich durch das ihnen Entgegengesetzte. Das Erkennende muß dann selber potentiell die Gegensätze sein, und diese müssen ihm immanent sein. Wenn es aber zu einem der Prinzipien keinen Gegensatz gibt, so erkennt dieses Prinzip sich selber; es ist reine Wahrheit und für sich selbständig Seiendes.

Eine Aussage also besteht darin, daß einem Subjekt ein Prädikat beigelegt wird, wie in einem bejahenden Urteil, und jeder solche Satz ist richtig oder falsch. Von der denkenden Vernunft dagegen gilt dies nicht immer. Das Denken des Wesens im Sinne der reinen Wesenheit ist allerdings immer wahr; aber es ist nicht so, wenn ein Begriff von einem andern ausgesagt wird, sondern wie das Sehen der dem Gesichtssinn zugehörigen Objekte richtig ist, das Urteil aber, ob der weiße Gegenstand ein Mensch ist oder nicht, keineswegs immer richtig ist, so ist es bei allem Begrifflichen, was ohne Materie ist.

Brigitte Röthlein

Denken

Was ist Denken?

»Ich denke, also bin ich.« Mit diesem weltberühmten Satz, den er 1644 in seinem Werk ›Principia Philosophiae‹ formulierte, versuchte der französische Universalgelehrte René Descartes (1596–1650) die sicherste Erkenntnis der Philosophie auszudrücken. Auch wenn spätere Philosophen und Wissenschaftler anders darüber urteilten, muß also am Denken doch etwas ganz Besonderes sein. Es ist mehr, als nur Informationen von den Sinnesorganen aufnehmen und verarbeiten, es ist auch mehr, als Muskelreaktionen auslösen und Bewegungen steuern. Diese Fähigkeiten haben auch Tiere, ja teilweise sogar Pflanzen. Das Denken aber ist etwas Geheimnisvolles, das nur im Kopf von entwicklungsgeschichtlich sehr hoch stehenden Lebewesen vor sich geht und die Menschen offensichtlich von niederen Tieren unterscheidet.

Denken, nachdenken, sich Gedanken machen: Formulierungen wie diese weisen bereits darauf hin, daß das Denken etwas sein muß, was nicht unbedingt von außen angestoßen wird. Es kann ein Vorgang sein, der ganz in sich selbst begründet, innerlich abläuft. Man kann denken, ohne daß uns das jemand ansieht. So gesteht Graf Glouster in Shakespeares Drama ›König Heinrich VI.‹: »Ich sage wenig, denke desto mehr«, womit er ausdrückt, daß er sich nicht anmerken lassen will, was er denkt.

Und die schrecklichste Art von Tyrannei ist die, die selbst die Gedanken noch steuern und vorschreiben will, sei es die Unterdrückung im Terrorregime Stalins, das Abweichler mittels »Gehirnwäsche« zur Räson bringen wollte, oder die subtile Gewalt eines Philipp II. von Spanien, den der Marquis von Posa – zumindest in Schillers Drama – anfleht: »Geben Sie Gedankenfreiheit!«

Es erscheint fast schockierend, wenn man auf die Frage »Was ist Denken?« die Antwort gibt: »Denken ist eine Art kombinierter elektrischer und chemischer Aktivität von Neuronen.« Geistige Höhenflüge, reduziert auf elektrische Potenzialschwankungen winziger Zellen in unserem Kopf. Und das soll alles sein? Es mag alles sein und ist doch viel genug. Nicht nur die Anzahl der Nervenzellen, die aktiv werden können und sich untereinander verständigen, ist gigantisch, sondern auch die Vielzahl der möglichen Verbindungen ist unvorstellbar groß. Wie bereits früher erwähnt, ist die Zahl der möglichen Verbindungen zwischen den Nervenzellen in unserem Gehirn – das heißt nicht, daß alle Verbindungen auch wirklich vorhanden sind – größer als die Zahl der Atome im gesamten Universum.

Das Gehirn arbeitet wie ein Ameisenstaat

Was passiert, wenn sich viele einfache Untereinheiten zu einem größeren Ganzen kombinieren, indem sie zusammenarbeiten, kann man an einem Ameisenstaat sehen. Im Prinzip funktioniert er wie unser Gehirn. Er besteht aus Millionen Einzeltieren, wie unser Gehirn aus Milliarden Nervenzellen. Jedes Tier für sich ist relativ dumm, es tut nur das, worauf es seit seiner Geburt programmiert ist. Auch unsere Gehirnzellen sind dumm – jede von ihnen kann nur Signale empfangen oder weiterleiten. Erinnerung, Denken, Lernen, Kreativität, überhaupt unsere Intelligenz entstehen erst dadurch, daß diese dummen Nervenzellen im Laufe unseres Lebens miteinander verknüpft werden und zusammenarbeiten.

Für die Ameisen heißt das: Mit ihrer Geburt, ja oft schon mit der Zeugung, liegt ihr Schicksal fest. Die eine wird Königin, die andere Arbeiterin. Oder Drohne – männliche »Zeugungsmaschine«, die nach dem Ausschwärmen ihren Lebenszweck erfüllt hat und stirbt. Aber was aus diesem einfachen Grundmuster alles entsteht, ist faszinierend. Zum Beispiel die Weber-Ameisen: Sie bauen ihre Nester auf Bäumen, indem sie die Blätter mit hauchfeinen Seidenfäden verweben. Ein paar Dutzend Ameisen halten sich dazu untereinander am Hinterleib fest und bilden eine Kette, die sie zwischen zwei Blättern aufspannen. Dann ziehen sich alle zusammen: Die Kette wird dadurch kürzer, die Blätter kommen näher zusammen. Nun holen andere Arbeiterinnen Larven aus dem Nest und tragen sie zwischen ihren Kieferzangen zur »Baustelle«. Dort reizen sie die Seidendrüsen der Larven und schieben die Maden wie Weberschiffchen zwischen den Blättern hin und her. Der Seidenfaden klebt an den Blatträndern fest und bildet so mit der Zeit ein dichtes Geflecht – die Außenhülle des Ameisenbaus.

Alles in allem ein schwieriger Vorgang, bei dem viele unterschiedliche Arbeitsgänge geschickt koordiniert werden müssen. Wer aber ist der Architekt oder der Bauleiter? Wer gibt die Befehle?

Von Blattschneidern und Revolverhelden

Mindestens ebenso kompliziert ist die Methode, wie die in Mittelamerika beheimateten Blattschneider-Ameisen ihre Nahrung beschaffen: Arbeiterinnen klettern bestimmte Bäume hoch und schneiden aus den Blättern ungefähr fingernagelgroße, fast runde Stückchen aus. Diese klemmen sie zwischen ihre Kieferzangen und tragen sie nach Hause. Eine gefährliche Arbeit, weil die winzigen Tiere durch das Tragen des schweren Blattes so behindert sind, daß sie sich nicht mehr gegen mögliche Feinde verteidigen können – zum Beispiel gegen Buckelfliegen, die gerne ihre Eier auf den Ameisen ablegen wollen. Die Larven fressen die Tiere dann bei lebendigem Leib auf. Um solche Schmarotzer abzuwehren, reiten winzig kleine Ameisenkolleginnen auf den Blattstückchen mit – wie im Wilden Westen der Revolverheld auf dem Kutschbock – und versprühen Gift.

Im Bau angekommen, kauen andere Arbeiterinnen die gelieferten Blätter durch und spucken den Brei wieder aus. Auf ihm bildet sich nach einiger Zeit ein Pilzgeflecht, das die Ameisen hegen und pflegen, denn davon ernähren sie sich. Sie »mähen« es regelmäßig, damit es nicht an die Erdoberfläche dringt, und beseitigen unerwünschtes »Unkraut«.

Zurück zum Gehirn und zum Denken. Vielleicht bringen uns bei den Überlegungen, wie der Kosmos in unserem Kopf funktioniert, die Ameisen ein Stück weiter. Die naheliegendste Erklärung bei den Tieren wäre: Klar, die Befehle kommen von der Königin. Sie ist der oberste Boß.

Das könnte sein, aber in der Wirklichkeit findet sich kein Beweis dafür. Denn manche Ameisenstaaten sind so groß, daß allein schon wegen der Entfernung gar nicht mehr jede Information die Königin erreicht – oder zumindest nicht schnell genug. Und in einer großen Kolonie passiert so viel gleichzeitig: Da suchen die einen Futter, während die anderen einen Feind abwehren, wieder andere bauen am Nest weiter, und eine Gruppe bereitet sich vielleicht gerade auf das Ausschwärmen vor. Außerdem toben ständig erbitterte Machtkämpfe zwischen verschiedenen Ameisengruppen. All das flexibel zu koordinieren wäre für ein einzelnes Tier sicher zu viel verlangt. Denn auch die Königin ist ja nur eine vorprogrammierte Ameise: eine, deren Lebensaufgabe es ist, zu fressen und Eier zu legen.

Der Unterschied zwischen
einem Ameisenstaat und einer Fabrik

Trotzdem ist ein Ameisenstaat hierarchisch organisiert, aber eben nicht mit einem leibhaftigen Boß an der Spitze. Jede Ameise kann mit jeder anderen in Verbindung treten. Bestimmte Gruppen bilden Kasten mit speziellen Aufgaben, und deren Tätigkeit dient dem ganzen Staat. Sie unterstehen dabei jedoch nicht einer Befehlskette, die von ganz »oben« ausgeht, sondern sie werden ständig von allen anderen Gruppen der Kolonie beeinflußt. Damit unterscheidet sich ein Ameisenstaat ganz grundsätzlich von der Organisation einer großen menschlichen Fabrik oder eines Heeres. Dort nämlich laufen die Befehlsstränge über mehrere Ebenen von oben nach unten. Bei den Ameisen hingegen gibt es eine Rückkopplung: Zum Beispiel können auch niedriggestellte Gruppen die Entscheidungen höhergestellter Gruppen beeinflussen.

Hirnforscher wissen inzwischen, daß die Parallelen zwischen

der Organisation eines Ameisenstaates und unseres Gehirns recht weit gehen. Auch in unserem Kopf gibt es keinen alleinigen Befehlshaber, es gibt zwar Hierarchien, aber auch Rückkopplung. Und so gibt uns der Vergleich mit einem Ameisenstaat vielleicht auch ein wenig mehr Vertrauen in die These, dass das Denken wirklich nur auf der Aktivität von vielen »dummen« Nervenzellen beruht.

[…]

Wie die Vielfalt im Gehirn entsteht

Bleibt noch die Frage: Woher kommt es, daß sich Nervenzellen synchronisieren, und zwar in unterschiedlichen Kombinationen? Unter bestimmten Bedingungen, je nach Merkmal, feuern die einen mit den anderen zusammen, in einem anderen Zustand aber wieder die anderen mit neuen und so weiter.

Die Erklärung ist: Es läuft ganz offensichtlich über reziproke, also hin und zurück laufende Verbindungen zwischen den einzelnen Zellen ab, die entweder genetisch oder über einen Lernvorgang ausgebildet wurden. Diese Verbindungen legen fest, welche Neuronengruppen vorzugsweise mit welchen anderen Neuronengruppen – auch Ensembles genannt – synchronisiert werden.

Unser Gehirn besitzt eine Vielzahl von Nervenzellen, die auf ganz bestimmte Merkmale ansprechen. Wenn nun ein Muster auftaucht, das eine ganz bestimmte Kombination von Merkmalen hat, dann schwingt sich das Ensemble der Merkmalsdetektoren (also Zellen), die für dieses Muster stehen, ein. Erinnern wir uns an die »Großmutterzelle«, von der man früher glaubte, sie sei zuständig für das Erkennen der Großmutter. Heute weiß man, daß das gleichzeitig aktive Ensemble von verschalteten Nervenzellen die Stelle der Großmutterzelle einnimmt. Jedes

Ensemble steht für eine bestimmte Merkmalskombination, eines also auch für das Bild der Großmutter.

Dadurch, daß es keine spezialisierten Großmutterzellen gibt, gewinnt das Gehirn an Flexibilität. Mit Großmutterzellen könnte man nur so viele Muster unterbringen, wie wir Neuronen haben. Wenn aber für jedes Muster ein anderes Ensemble gemeinsam erregt wird, gibt es viel mehr Möglichkeiten. Denn am zweiten Ensemble können viele Neuronen beteiligt sein, die auch beim ersten Muster schon beteiligt waren, allerdings mit anderen Partnern. Man kann also mit einem Satz von Nervenzellen so viele verschiedene Muster abbilden, die aus Nervenzellen bestehen, wie es gleichzeitig aktive Kombinationen gibt, und das ist weit mehr als die Anzahl der Neuronen. (Für Fachleute: Es sind n!/m! (n-m)!, wobei n die Gesamtzahl der Nervenzellen, m die Anzahl der Neuronen in einem Ensemble ist. Betrachtet man alle möglichen Ensemblegrößen, muß man noch zusätzlich über alle m aufsummieren.)

Ein Zahlenbeispiel mag das verdeutlichen: Betrachtet man zehn Nervenzellen, aus denen je drei ein Ensemble bilden, so gibt es insgesamt 120 unterschiedliche Dreierkombinationen. Man kann also durch unterschiedliches Zusammenschalten von drei aus zehn Zellen bereits 120 verschiedene Muster repräsentieren. Würde jedes Muster einer einzelnen Zelle entsprechen, gäbe es in diesem Beispiel nur zehn Möglichkeiten.

Wenn man bedenkt, wie groß die Vielfalt durch die unterschiedlichen Kombinationen der Nervenzellen bereits in diesem einfachen Beispiel wird, kann man vielleicht ermessen, welch ungeheure, mit Zahlen kaum mehr beschreibbare Flexibilität unser Gehirn mit seinen hundert Milliarden Nervenzellen zustande bringt. Denken ist also doch etwas Besonderes, auch wenn es nur auf einfachen Grundlagen aufgebaut ist.

Heinrich von Kleist

Grüne Augengläser

Vor kurzem ward ich mit der neueren, sogenannten kantischen Philosophie bekannt – und Dir muß ich jetzt daraus einen Gedanken mitteilen, indem ich nicht fürchten darf, daß er Dich so tief, so schmerzhaft erschüttern wird als mich. Wenn alle Menschen statt der Augen grüne Gläser hätten, so würden sie urteilen müssen, die Gegenstände, welche sie dadurch erblicken, sind grün – und nie würden sie entscheiden können, ob ihr Auge ihnen die Dinge zeigt, wie sie sind, oder ob es nicht etwas zu ihnen hinzutut, was nicht ihnen, sondern dem Auge gehört. So ist es mit dem Verstande. Wir können nicht entscheiden, ob das, was wir Wahrheit nennen, wahrhaft Wahrheit ist oder ob es uns nur so scheint. Ist das letzte, so ist die Wahrheit, die wir hier sammeln, nach dem Tode nicht mehr – und alles Bestreben, ein Eigentum zu erwerben, das uns auch in das Grab folgt, ist vergeblich. – Ach, Wilhelmine, wenn die Spitze dieses Gedankens Dein Herz nicht trifft, so lächle nicht über einen andern, der sich tief in seinem heiligsten Innern davon verwundet fühlt. Mein einziges Ziel, mein höchstes Ziel ist gesunken, und ich habe nun keines mehr.

Gautama Buddha

Klarheit

Bedenkst du Anfang und Ende der Dinge, so erlangst du Glück, weil du die grenzenlose Freude von Welten jenseits der Welten siehst.

Blicke in deinen wahrnehmenden Geist, der von Natur aus rein ist, und erwache zu dir selbst. Betrachte die Reinheit, auf der diese Welt beruht, und tilge deine Fehler. Schau in dich und finde Glück. Beende allen Zweifel.

Wenn du nicht mehr an Name und Form haftest, bist du wirklich ein Wahrheitssucher geworden.

Du bist der Meister und du bist der Weg. Wo sonst willst du suchen? So wie ein Händler ein edles Pferd zureitet, so solltest du dich selbst zähmen.

Der Suchende, der Vertrauen hat in den Weg, wird über den Weg hinausgehen und das Ende des Leidens verwirklichen.

Der Suchende, der über den Weg hinausgeht, erleuchtet die Welt, so wie der Mond alles erhellt, wenn er aus den Wolken heraustritt.

Dhammapada

Marcus Chown

Leben auf der Erde

Der Ursprung des irdischen Lebens stellt ein tiefes Geheimnis dar, weil er so schnell passiert zu sein scheint. Hunderte von Millionen Jahre lang, nachdem sich die Erde geformt hat, befand sich der Planet in einem feurigen, halb geschmolzenen Zustand, der für das Leben viel zu feindselig war. Erst vor 3,85 Milliarden Jahren hatte er sich so weit abgekühlt, daß sich Tümpel flüssigen Wassers auf der Oberfläche halten konnten, ohne sofort zu verdampfen. Und das war der Augenblick – der frühestmögliche Augenblick –, in dem zum ersten Mal Leben auf der Erde aufgetaucht zu sein scheint.

Das deutet ganz klar darauf hin, daß sich Leben leicht bildet. Und genau das stellt ein Rätsel dar. Wissenschaftler haben sich unendlich bemüht, die Bedingungen zu reproduzieren, die ihrer Ansicht nach auf der Erde zu diesem Zeitpunkt herrschten. In zahllosen Laborexperimenten haben sie seit den fünfziger Jahren die »Ursuppe« aus Chemikalien nachgebildet und sie mit elektrischen Entladungen unter Spannung gesetzt, um die Wirkung damaliger Blitze nachzuahmen. Aber so sehr sie es auch versucht haben, sie waren nicht in der Lage, Leben aus Unbelebtem zu erzeugen.

Warum ist es so schwierig für uns, Leben in Gang zu setzen, wenn es auf der primitiven Erde anscheinend mit solcher Leichtigkeit entstanden ist? Denkbar wäre, daß wir irgendwie eine ausschlaggebende Zutat für die chemische Ursuppe übersehen haben. Schließlich können wir nur raten, wie es auf der Erde vor 3,85 Milliarden Jahren war. Wickramasinghe und Hoyle haben jedoch eine radikalere Erklärung für das Versagen jener Laborexperimente. Der Grund, warum niemand in der Lage war, Leben aus Unbelebtem zu schaffen, sagen sie, liegt darin, daß es wirklich extrem schwer ist, das zu tun.

Aber wenn es so schwer ist, warum ist dann das Leben auf der Erde so schnell entstanden? Es gibt nur einen Ausweg aus diesem offensichtlichen Paradoxon, meinen Wickramasinghe und Hoyle. Der Schritt vom Unbelebten zum Leben muß irgendwo anders stattgefunden haben. Das Leben, behaupten sie, hat seinen Ursprung nicht auf der Erde. Es wurde aus dem All ausgesät.

Das Leben entwickelte sich so früh, sagen Wickramasinghe und Hoyle, weil es vorgefertigt auf dem Planeten ankam. Von dem Augenblick an, als die Erde vor 4,6 Milliarden Jahren geboren wurde, regnete Leben aus dem Himmel auf die Erdoberfläche hinab. Wer weiß, wie viele Kometen einschlugen, wie oft die Mikroorganismen, die sie trugen, ausgelöscht wurden. Aber schließlich, vor etwa 3,85 Milliarden Jahren, als die Erde kühl genug und die Bedingungen richtig waren, fielen die Samen des Lebens auf fruchtbaren Boden.

Der Beweis, daß Kometen vor 3,85 Milliarden Jahren auf der Erde eingeschlagen sind, ist nach wie vor auf einem anderen Himmelskörper zu sehen, der sich in der Schußlinie befand: dem Mond. Die riesigen Mare, oder »Mondmeere«, datieren aus dieser Zeit, einer Periode ständigen Bombardements durch Kometen und Asteroide. Die Kometen, die auf der Erde einschlugen, brachten Wasser und organische Stoffe mit. Aber, behaupten Wickramasinghe und Hoyle, sie trugen auch eine viel wichtigere Fracht: lebende Dinge.

Wenn die beiden Astronomen recht haben, kamen unsere primitiven Vorfahren von den Sternen. Wir sind alle Außerirdische.

Die Vorstellung, daß das Leben aus dem All gesät wurde, ist durchaus keine neue. Sie scheint ursprünglich von Aristarch von Samos aus dem 3. Jahrhundert v. Chr. zu stammen. Im 19. Jahrhundert wurde sie jedoch von zwei der größten Physiker ihrer Zeit verfochten: William Thomson aus England und Hermann von Helmholtz aus Deutschland. Thomson und Helmholtz behaupteten, daß die Samen des Lebens von Stern zu Stern verbreitet wurden. Diese Theorie der »Panspermien« war nicht viel mehr als müßige Spekulation, bis die Arbeit des schwedischen Chemienobelpreisträgers Svante Arrhenius zu Beginn des 20. Jahrhunderts bekannt wurde.

Es war Arrhenius, der Teile dieser Idee austestete, indem er untersuchte, ob bakterielle Sporen und Pflanzensamen Bedingungen überleben können, wie man sie für den interstellaren Raum annahm. Er beauftragte Botaniker, die Samen Bedingungen eines Nahezu-Vakuums und Temperaturen von −196 Grad Celsius auszusetzen, dem Siedepunkt von flüssigem Nitrogen. Nachdem man sie erhitzte, erwachten sie, trotz der schrecklichen Tortur, wieder zum Leben. Heute wissen wir, daß Bakterien auch intensives ultraviolettes Licht und kosmische Strahlung von der Art überleben können, wie sie im interstellaren Raum herrschen. Wie Arrhenius als erster feststellte, haben Bakterien ziemlich »unirdische« Eigenschaften.

Damit stehen wir vor einem Rätsel. Denn laut Charles Darwins Theorie der Evolution durch natürliche Auslese sind die Eigenschaften eines lebenden Organismus diejenigen, die sein Überleben in der Umgebung sicherstellen, der er ausgesetzt ist – und das ist die Erde. Warum sollten Bakterien Überlebenseigenschaften für eine Umgebung haben, der sie niemals ausgesetzt waren – dem interstellaren Raum? Darauf wird für gewöhnlich geantwortet, das sei ein Zufall. Sie seien nicht für Weltraumüberlebensfähigkeit selektiert worden, sondern diese Fähigkeit sei ein zufälliges Nebenprodukt einer anderen vorteilhaften Eigenschaft. Wickramasinghe und Hoyle glauben das nicht. Der Grund, warum Bakterien die für das Überleben im Weltraum notwendigen Eigenschaften besitzen, liegt darin, sagen sie, daß sie ursprünglich aus dem Weltraum stammen.

»Ich glaube, ein Grashalm ist nicht geringer als das Tagwerk der Sterne«, schrieb Walt Whitman. Und vielleicht hatte er damit mehr recht, als er sich je hätte vorstellen können.

Eine der Konsequenzen aus Wickramasinghes und Hoyles Überarbeitung der alten Panspermienvorstellung ist wirklich recht bemerkenswert. Wenn in der Morgenröte der Zeit Bakterien aus dem Himmel geregnet sind, dann folgt daraus, daß sie auch heute noch auf die Erde hinabregnen müssen. Kometen stürzen auch weiterhin aus der Oortwolke in das innere Sonnensystem, etwa ein Dutzend pro Jahr. In den letzten Jahren ist zwar kein Komet auf der Erde eingeschlagen – etwas, für das wir sehr dankbar sein können –, aber ein direkter Einschlag ist vielleicht gar nicht nötig, damit Kometenmaterial auf die Erde fällt. Es gibt eine andere Möglichkeit, die eventuell bei der ursprünglichen Besamung der Erde eine Rolle gespielt hat.

Erinnern wir uns an den Staub, der durch die Hitze der Sonne von den Kometen weggetrieben wird. Einiges davon wird durch den Druck des Sonnenlichtes in den interstellaren Raum geblasen. Aber anderes treibt, zumindest vorübergehend, im inneren Sonnensystem. Bei ihrem Kreislauf um die Sonne kann die Erde es gar nicht vermeiden, durch diesen Staub zu pflügen. In der Tat kehrt der Planet täglich Hunderte von Tonnen interplanetaren Staubs auf. Wenn sich in einem Großteil dieses Staubs Bakterien befinden, wie Wickramasinghe und Hoyle glauben, dann ist das genau der Moment, in dem Mikroorganismen durch die Atmosphäre hinabschweben. Die Panspermienversion der beiden Astronomen, weit davon entfernt, ein durch Raum und Zeit von uns getrennter Vorgang zu sein, spielt sich heute auf unserer Türschwelle ab.

Welche Folgen kann das haben? Wickramasinghe und Hoyle sehen mindestens eine. Sie könnte bakterielle Krankheiten verbreiten. Einige der herabfallenden Bakterien könnten infektiöse Wirkstoffe enthalten. Das könnte verwirrende Vorfälle erklären, wenn eine Krankheit gleichzeitig an vielen Orten rund um den Globus ausbricht, etwas, was sich ihrer Meinung nach selbst im Zeitalter schnellster Transportmöglichkeiten schwer erklären läßt. »Doch die Erklärung fällt leicht, wenn Krankheitserreger von überall aus dem Weltraum herabregnen«, meint Wickramasinghe.

Die Vorstellung, daß manche Krankheiten aus dem All kommen, ist sehr umstritten, um es milde auszudrücken. Kein Wunder. Nachdem sie bereits in das Revier der Biologen eingedrungen sind, haben Wickramasinghe und Hoyle auch noch gewagt, das Territorium der Ärzte und Epidemiologen zu betreten.

Wenn interstellare Bakterien tatsächlich vom Himmel herabregnen, hat das noch eine andere Folge. Alle Himmelskörper im Sonnensystem, nicht nur die Erde, müssen demselben biologischen Regen ausgesetzt sein. Momentan gibt es ein großes Interesse daran, ob primitives Leben auf dem Mars oder dem gigantischen Ozean unter dem Eis des Jupitermondes Europa besteht. Sollte sich Wickramasinghes und Hoyles Bakterien-aus-dem-All-Theorie als richtig erweisen, werden die »Exobiologen« nicht enttäuscht werden. »Wo auch immer im Sonnensystem die Bedingungen für Leben existieren, prophezeien wir, daß man Leben finden wird«, sagt Wickramasinghe. »Mehr noch, es wird alles auf DNA basieren, genau wie unser eigenes Leben.«

Man kann sogar noch weiter spekulieren. Dann ergibt sich aus der Theorie Wickramasinghes und Hoyles, daß überall dort in der Galaxis, wo die Umgebung für Leben geeignet ist, auch Leben sein wird. Und daß Organismen von einem Ende der Milchstraße bis zum anderen grundsätzlich miteinander verwandt sind – zumindest Mikroorganismen.

Der große kosmische Lebenszyklus

Nach Wickramasinghes und Hoyles Modell ist die Besamung des Planeten jedoch nur ein Nebenprodukt eines viel größeren kosmischen Zyklus – dem Zyklus, in dem Bakterien von Kometen in den interstellaren Raum übergehen werden und dann wieder zu den Kometen zurückkehren. Lassen Sie uns rekapitulieren, wie das funktioniert.

Sterne, genau wie Planeten und Kometen, erstarren aus den interstellaren Gas- und Staubwolken. Die Kometen nehmen aus den interstellaren Wolken Bakterien auf, von denen einige lebensfähig sind. Diese gedeihen und vermehren sich innerhalb des Kometen. Wenn Kometen auf die Sonne zufallen und die Hitze das Oberflächeneis abschmilzt, werden die Bakterien freigesetzt. Einige finden den Weg auf die Oberfläche von

Planeten. Aber die Mehrheit wird vom Lichtdruck in den interstellaren Raum getrieben. Neue Sterne erstarren, zusammen mit neuen Planeten und neuen Kometen, aus den interstellaren Gas- und Staubwolken. Und so beginnt der Zyklus von neuem und immer wieder neuem ... »Wir schätzen, daß der gesamte Zyklus etwa drei Milliarden Jahre dauert«, sagt Wickramasinghe. »Mit anderen Worten, es dauert drei Milliarden Jahre, bis Bakterien aus einem Kometen ausgestoßen und bei der Geburt eines neuen Planetensystems in einen anderen Kometen aufgenommen werden.«

Bestechend an dem Modell ist, daß das Leben in der Galaxis nur einmal entstehen muß. Wenn das geschieht, gibt es einen vorgefertigten Mechanismus, der dieses Leben sowohl erweitert als es auch bis in die fernsten Planetensysteme ausbreitet. Auf diese Weise wird das anscheinend Unvereinbare vereint. Das Leben kann gleichzeitig ungeheuer schwer in Gang zu setzen und doch allgegenwärtig sein.

Jene, die glauben, daß das Leben isoliert auf der Erde entstanden ist, müssen hinnehmen, daß der Schritt vom Unbelebten zum Leben überall in der Galaxis immer und immer wieder vollzogen werden muß. Wenn der Schritt schwer ist und dazu alle möglichen Zufälle nötig sind, dann müssen dieselben Zufälle immer wieder geschehen. Wenn nicht, dann ist die Erde wahrscheinlich der einzige bewohnte Planet.

Die große Frage ist offensichtlich, wie der kosmische Lebenszyklus begonnen hat. Woher kam die erste Bakterie? Hier geben Wickramasinghe und Hoyle offen zu, daß sie die Antwort nicht wissen. Das entmutigt Hoyle jedoch nicht. Im Gegensatz zu den meisten Astronomen, die fest daran glauben, daß das Universum vor 12 bis 14 Milliarden Jahren in einem Urknall geboren wurde, glaubt er, daß es schon immer da war. In einem ewigen Universum, in dem man mit unendlicher Zeit spielen kann, ist es egal, wie unwahrscheinlich das Entstehen von Leben ist. Früher oder später wird es mit hundertprozentiger Sicherheit entstehen. Und nach Wickramasinghes und Hoyles Theorie muß das nur einmal geschehen.

Wenn die Annahmen der beiden Astronomen stimmen, ist Leben kein bloßes planetarisches Phänomen, wie die meisten Wissenschaftler glauben. Es ist ein kosmisches Phänomen. Weit davon entfernt, ein belangloser Nebeneffekt der Naturgesetze zu sein, ist es der Hauptdarsteller im Universum. Das führt zum größten aller Rätsel. Warum ist das Universum so bereit für die Ausbreitung von Leben?

Das ist allerdings die Frage …

So viel zu primitivem Leben im Universum, aber was ist mit der Aussicht auf höher entwickeltes Leben? Eher deprimierend ist die Möglichkeit, daß bakterielles Leben sehr häufig sein könnte, während intelligentes Leben äußerst selten ist. Auf der Erde verbrachte das Leben viele Milliarden Jahre im primitiven einzelligen Stadium. Das könnte darauf hindeuten, daß der Schritt zu komplexeren, mehrzelligen Organismen schwierig ist und sich bisher nur auf der Erde vollzogen hat. Wickramasinghe und Hoyle vertreten diese Ansicht nicht, da sie davon überzeugt sind, daß das Universum, aus unbekannten Gründen, auf das Leben ausgerichtet ist.

Wenn es da draußen im Universum jedoch andere Intelligenzen gibt, dann lautet die drängende Frage: Wo sind sie? Und wo sonst sollte man sie suchen, als am Himmel, obwohl es schon fast lächerlich klingt, das überhaupt zu erwähnen. Ein Astronom aus der Ukraine meint allerdings, es könnte sich lohnen, die Suche mehr in unserer Nähe zu beginnen. Er heißt Alexej Arkipow und hält es für aussichtsreicher, zunächst mal an einem außergewöhnlicheren Ort nachzuschauen – direkt unter unseren Füßen. Denn die Außerirdischen mögen, Arkipow zufolge, zwar bisher noch nicht hier angekommen sein, aber sie könnten ihren Müll schon mal vorausgeschickt haben.

Johann Wolfgang von Goethe

Schwebender Genius über der Erdkugel

Mit der einen Hand nach unten, mit der
andern nach oben deutend.

Zwischen Oben, zwischen Unten
Schweb' ich hin zu muntrer Schau,
Ich ergötze mich am Bunten,
Ich erquicke mich im Blau.

Und wenn mich am Tag die Ferne
Luftiger Berge sehnlich zieht,
Nachts das Übermaß der Sterne
Prächtig mir zu Häupten glüht,

Alle Tag' und alle Nächte
Rühm' ich so des Menschen Los;
Denkt er ewig sich ins Rechte,
Ist er ewig schön und groß.

✳

Wenn am Tag Zenit und Ferne
Blau ins Ungemeßne fließt,
Nachts die Überwucht der Sterne
Himmlische Gewölbe schließt,
So am Grünen, so am Bunten
Kräftigt sich ein reiner Sinn,
Und das Oben wie das Unten
Bringt dem edlen Geist Gewinn.

Valentin Braitenberg

Leib und Seele

Im Bus von Amalfi nach Positano.

Der Wind streut Silber über das Meer unten. Der Bus fährt zügig um die Felsen herum und hupt große Sexten, in die Schluchten hinein, über schmale Brücken hinweg und wieder hinaus zu den Pinien vor dem Meer, noch ein paar Sexten gehupt und gleich wieder um eine Felswand herum. Ich betrachte die kleinen Bauernhäuser auf dem Berg oben, jedes umgeben von einem kleinen Stück landwirtschaftlicher Zufriedenheit, und unterhalb der Straße die weißen Lusthäuser der Städter, auf die steilen Abhänge montiert, mit ihren Felsentreppen hinunter zu den kleinen Stränden in den Buchten.

Ill lehnt sich zurück, die Augen zu. Mich wundert's, daß sie nicht schauen mag. Wenn einem auf dieser Straße nicht schlecht wird, sagt sie mit geschlossenen Augen, so hat er keine Seele. Ich sag nichts, denk bloß: Wie recht sie hat. Und will mir die Bemerkung notieren für später, wenn man mit ihr wieder reden kann. Ich schau sie von der Seite an, wie sie ihre Seele der Welt verschließt. Auch ich spüre einen Anflug von Übelkeit, wie ich meinen Kopf wieder zurückdrehe. Hat sie mich mit ihrer Seele infiziert? Aber gleich habe ich mein bewährtes Körpergefühl wieder, mein Körper auf dem Sitz zusammengesunken wie ein Sack voll Kartoffeln, die in jeder Kurve umeinanderrollen, was niemanden stört, am wenigsten mich.

Und dann, ein paar Wochen später.

Auf dem Ärmelkanal.

Wir auf der Fähre im Sturm, schreckliche Wellen quer zur Fahrtrichtung, unregelmäßig, tückisch. Das Schiff schaukelt auf seine Weise, hin und her und auf und ab kombiniert, offenbar angetrieben vom Wellengang, aber ohne eindeutige

Beziehung zu den Bewegungen des Wassers. Auf halbem Weg zwischen den zwei Küsten wird es schlimm. Ein paar laute Buben, die auf Deck bis eben noch miteinander und gegeneinander übermütig herumgesprungen waren, werden auf einmal manierlich und verziehen sich nach unten, offenbar in der Meinung, daß die Bewegung unter Deck erträglicher sei. Nur eine magere Engländerin im Regenmantel bleibt auf ihrer Bank im Freien sitzen und sinniert möglicherweise über die relativen Vorzüge Englands und des Kontinents. Ill und ich lehnen mittschiffs an einem grün gestrichenen Kasten, der das klebrige Sprühwasser vom Meer von uns abhält. Wir schauen nicht den Leuten zu, die, selber blaß und schwankend, sich am Heck des Schiffes um ein verzweifelt über die Reling kotzendes Mädchen kümmern, obwohl wir die Szene bemerkt haben.

Ill fragt, wie ich mich fühle.

Um Himmels willen, frag nicht so, mir wird schlecht bei dem Versuch, das »Ich-mich« in deiner Frage zu verstehen. Willst du wissen, wie ich die Empfindungen meines Ichs registriere? Wie ich mein Ich empfinde, in welcher Weise verändert durch diese Überfahrt? Oder, welche Gefühle mein Ich erreichen aus jener dumpfen Region, die man meint, wenn man an sein eigenes Selbst denkt? Oder soll ich den Zustand meiner Eingeweide beschreiben?

Schon eher das, meint Ill, ich frage ja nur, ob dir bei diesem Seegang schlecht wird.

Ich bin der am wenigsten interessante Teil dieser Szenerie. Was mich interessiert, ist die Bewegung des Schiffs. Halte ich meinen Blick dort am grauen Horizont fest, dem einzig Unbeweglichen, so sehe ich den Bug des Schiffs vier Sekunden lang in den Himmel steigen, dann mit einem Ächzen zu einem raschen Abstieg umkehren, dann wieder hoch und ähnlich, aber nicht genau gleich, immer wieder. Gleichzeitig, doch nicht im gleichen Rhythmus, geht das Schiff links hoch und wieder herunter, etwas regelmäßiger und schneller. Man muß aufpassen, die beiden Bewegungen getrennt voneinander zu erkennen, damit man ihre Summe korrekt wahrnimmt. Das hat dann nichts Erschreckendes mehr und dient mir zur Erklärung dafür, daß ich einmal, in der fallenden Phase, mein eigenes Gewicht verringert empfinde, eigentlich angenehm, und dann wieder, bei der Aufwärtsbewegung, eine gröbere Last in den Knien spüre. Ich kann's auch in meinem Inneren verfolgen, wie die Eingeweide langsam auf und ab schwappen, etwas verzögert gegenüber dem Körper, wohl wegen der Bremswirkung der Massen, die sich in ihnen verschieben. Ich lasse es durch mich fließen, was da in der Luft als Wind strömt, die Oberfläche des Meers zu großen und kleineren bewegten Leisten verformt, das Schiff schaukeln läßt, meinen Körper mit, das Flüssige in mir. Das Ganze ein Phänomen von gewaltigem Ausmaß, ich nur ein winziger Teil davon, ein Teil, der, wenn man sich ihn wegdenkt, nichts ändert am Ganzen: Es würde sich ohne mich alles genauso bewegen, wie es sich jetzt bewegt.

Aber schlecht wird mir, sagt Ill, nicht dem Ärmelkanal, wenn ich die Küste auf- und absteigen sehe. Und sie hält ihre Augen geschlossen, etwas verquält. Dann schaut sie auf einmal hinaus und wundert sich: Ich kann die Augen, wie du, am Horizont festhalten, dann scheint mir das andere schon beinahe erträglich.

Du mußt dich selbst zu einem Teil der Natur machen, nichts Besonderes sein, die Welt ernst nehmen, nicht dich.

Habe ich nicht neulich im Autobus gesagt: Nur wer keine Seele hat, dem wird bei so was nicht schlecht, sagt Ill nach einer Weile, die Augen wieder zu.

War das buddhistische Einsicht oder fundamentale Kritik an mir? Ich nehme sie hin. Was ist besser: Kotzen, aber mit Seele, oder die Seele aufgeben und fröhlich sein?

Augustinus

Über die wahre Religion

Vom menschlichen Urteilsvermögen und seinem ewigen Maßstab

228. Kehren wir zu uns selbst zurück und lassen beiseite, was uns mit Pflanzen und Tieren gemeinsam ist. Denn die Schwalbe baut ihr Nest nur auf eine Weise und jede Vogelart das ihre auf besondere Weise. Was ist das also in uns, das uns befähigt, über all dieses zu urteilen und festzustellen, nach welchen Formen gestrebt wird und wieweit sie erreicht werden? Wie bringen wir selber, wenn wir Bauten errichten oder andere körperliche Werke ausführen, die zahllosen Gebilde zustande, als wären wir Herren über all diese Formen? *229.* Was ist es, was uns innerlich einsehen läßt, daß die sichtbaren Körper im Verhältnis von groß und klein zueinander stehen, daß jeder Körper, sei er auch noch so klein, eine Hälfte hat, und wenn eine Hälfte, dann auch unzählige Teile, daß also jedes Hirsekorn einem seiner Teilchen, das in ihm soviel Platz einnimmt wie unser Leib in dieser Welt, so groß erscheinen muß wie uns die Welt? Ferner, daß diese ganze Welt auf Grund ihrer Formen, nicht ihrer Masse schön ist, daß sie uns aber groß erscheint nicht zufolge ihrer Weite und Breite, sondern unserer Kleinheit, nämlich der Kleinheit der Lebewesen, die sie erfüllen, welche hinwiederum, da sie unbegrenzt teilbar sind, nicht an sich, sondern nur im Vergleich mit anderen, zumal dem Weltall, selber so klein sind? *230.* Mit der Ausdehnung der Zeiten aber verhält sich's ebenso. Denn wie die Länge jeder Strecke, hat auch die jeder Zeit ihre Hälfte. Sei sie auch noch so kurz, sie beginnt, schreitet fort und hört auf. Sie muß daher eine Hälfte haben, wenn man sie da teilt, wo sie zum Ende übergeht. Darum ist die Zeit, die eine kurze Silbe braucht, nur im Vergleich mit einer längeren kurz und eine Stunde im Winter nur verglichen mit einer Sommerstunde kürzer. *231.* Ebenso ist die Zeitdauer jeder Stunde neben der eines Tages, eines Tages neben einem Monat, eines Monats neben einem Jahr, eines Jahres neben einem Jahrfünft, eines Jahrfünfts neben größeren Perioden, und auch diese neben der Zeit in ihrem Gesamtverlauf kurz. Aber diese ganze, nach Zahlen bemessene Aufeinanderfolge, diese Abstufung räumlicher oder zeitlicher Unterschiede, sie wird nicht auf Grund von Entfernung oder Dauer, sondern nur auf Grund geordneter Übereinstimmung als schön beurteilt. *232.* Das Ordnungsmaß selber jedoch lebt in immerwährender Wahrheit und ist weder durch Masse ausgedehnt noch durch Ablauf flüchtig, sondern groß durch seine Macht über allen Räumen und unbeweglich durch seine Ewigkeit über allen Zeiten. Aber ohne es könnte weder die Ausgedehntheit irgendeiner Masse zur Einheit gelangen, noch der Ablauf irgendwelcher Zeit ohne Irrtum erfaßt werden, ja ohne es gäbe es weder Körper noch Bewegung. Selbst aber ist es das ursprünglich Eine, weder begrenzt noch unbegrenzt raumfüllend, weder begrenzt noch unbegrenzt wandelbar. *233.* Es kennt ja nicht den Unterschied von hier und dort oder von jetzt und später. Denn zuhöchst einer ist der Vater der Wahrheit, der Vater seiner Weisheit, die ihm nicht im geringsten ungleich ist und die darum sein Gleichnis und Bildnis heißt, weil sie von ihm ist. Sie ist der Sohn, von dem mit Recht gesagt wird, er sei aus ihm, während alles übrige durch ihn ist. Denn vorausgegangen ist die Form aller Dinge, die das Eine, von dem sie stammt, vollendet wiedergibt, auf daß alles übrige, was ist, soweit es dem Einen ähnlich ist, durch diese Form entstehe.

Die Seele für Gott, der Leib für die Seele

234. Das übrige ist nun zum Teil durch die genannte Form so geschaffen, daß es auch zu ihr hinstrebt. Das gilt von jeder vernünftigen und geistigen Kreatur, weswegen mit Recht vom Menschen gesagt wird, daß er nach Gottes Bild und Gleichnis geschaffen sei. Denn sonst könnte er mit seinem Geiste die unwandelbare Wahrheit nicht erblicken. Teilweise ist es aber auch so durch sie geschaffen, daß es nicht zu ihr hinstrebt. *235.* Wenn also die vernünftige Seele ihrem Schöpfer dient, von dem, durch den und zu dem sie geschaffen ist, wird alles übrige ihr dienen, sowohl das niedere Leben, das ihr so nahesteht und behilflich ist, den Körper zu lenken, als auch der Körper selbst, die niedrigste Natur und Wesenheit. Wenn dieser nur in jedem Falle nachgibt und sich gefällig beherrschen läßt, wird er ihr keine Beschwerde bereiten, da sie ja nicht von ihm und durch ihn die Seligkeit sucht, sondern sie von Gott und durch sich selbst empfängt. *236.* Vielmehr wird sie den wiederhergestellten und geheiligten Leib beherrschen, ohne hinfort durch seine Vergänglichkeit Schaden zu leiden oder von ihm belästigt oder behindert zu werden. Denn »in der Auferstehung werden sie weder freien noch sich freien lassen, sondern sein gleich wie die Engel des Himmels«. Und »die Speise ist für den Bauch und der Bauch für die Speise, Gott aber wird diesen und jene zunichte machen«. Denn »das Reich Gottes ist nicht Essen und Trinken, sondern Gerechtigkeit und Friede und Freude«.

Noble Red Man

Die Drei Kräfte der Welt

Gott hat Drei Kräfte in die Welt gebracht, die wir nutzen können. Wir brauchen sie alle. Wir Indianer kennen alle drei. Wir haben eine Million Jahre benötigt, um sie zu finden.

Es gibt eine materielle Kraft, eine spirituelle Kraft und eine übernatürliche Kraft. Die materielle Kraft ist die Güte dieser Erde. Die spirituelle Kraft ist die Güte der Menschen. Die übernatürliche Kraft ist die Güte Gottes, des Großen Geistes.

Die Drei Kräfte existieren getrennt voneinander. Sie sind nicht miteinander verbunden.

Es ist die Aufgabe der Menschen, die Verbindung herzustellen.

Wir verbinden die Drei Kräfte durch unsere Gebete, durch unsere Zeremonien, durch unsere Taten. Jede gute Tat ist eine Säule der Schöpfung. Jedes Gebet stützt die Welt. Unsere Zeremonie, unser Sonnentanz, bewahrt die Harmonie des Universums, indem sie die Drei Kräfte miteinander verbindet.

Die materielle Kraft hat den größten Einfluß auf die Menschen. Es ist die Kraft, die Gott uns geschenkt hat, damit wir die Dinge dieser Erde nutzen und genießen können.

Manche Menschen denken, sie sei die einzige Kraft. Sie sind wie diejenigen, die das Uran von dort, wo Gott es hingetan hat, aus dem Boden holen und eine Atombombe bauen, um Menschen zu töten. Dann gehen sie in ihre Kirche und rufen: »Gott segne uns! Hilf uns, Deine Welt zu beherrschen!«

Unmöglich! Gott hilft ihnen nicht. Sie können Seine Welt nicht beherrschen. Diese Welt gehört Gott, und nur Gott beherrscht die Welt.

Die zweite Kraft ist die spirituelle Kraft. Ohne die spirituelle Kraft wird die materielle Kraft alles Leben zerstören. Materialismus ohne Spiritualität ist der Fluch dieser Welt.

Die spirituelle Kraft ist die Kraft, Gutes zu tun. Es ist die Kraft zu beten, mit Gott zu sprechen, Ihm zuzuhören, Seine Anweisungen zu befolgen. Wir müssen das nicht tun. Es liegt bei uns.

Das ist die spirituelle Kraft, die zweite Kraft, die Gott uns geschenkt hat.

Sie ist das, was uns menschlich macht.

Die dritte Kraft ist die übernatürliche Kraft, die direkte Kraft Gottes. Sie durchdringt die Welt, die Er erschaffen hat. Sie bezieht sich auf Gott selbst, auf das Große Geheimnis

Wir können sie nicht für unsere Zwecke nutzen. Das ist Zauberei.

Wir sind ihr Werkzeug.

Manchmal kommt die übernatürliche Kraft uns zu Hilfe. Wir können diese Kraft nicht kontrollieren, aber trotzdem kommt sie uns zu Hilfe, wenn wir sie brauchen. Wenn wir offen für Gott sind, wenn wir unsere spirituelle Kraft nutzen, dann wird Gott Seine übernatürliche Kraft einsetzen, um uns zu helfen.

Es ist die Kraft, die uns ewiges Leben schenkt. Es ist die Kraft, die unsere Gebete beantwortet.

Es ist die Große Wirklichkeit.

Immanuel Kant

Beantwortung der Frage: Was ist Aufklärung?

Aufklärung ist der Ausgang des Menschen aus seiner selbst verschuldeten Unmündigkeit. *Unmündigkeit* ist das Unvermögen, sich seines Verstandes ohne Leitung eines anderen zu bedienen. *Selbstverschuldet* ist diese Unmündigkeit, wenn die Ursache derselben nicht am Mangel des Verstandes, sondern der Entschließung und des Mutes liegt, sich seiner ohne Leitung eines andern zu bedienen. Sapere aude! [Wörtlich: »Zu wissen wage!«; Horaz: *Ep.* I, 2, 40] Habe Mut, dich deines *eigenen* Verstandes zu bedienen! ist also der Wahlspruch der Aufklärung.

Faulheit und Feigheit sind die Ursachen, warum ein so großer Teil der Menschen, nachdem sie die Natur längst von fremder Leitung frei gesprochen (naturaliter maiorennes), dennoch gerne zeitlebens unmündig bleiben; und warum es anderen so leicht wird, sich zu deren Vormündern aufzuwerfen. Es ist so bequem, unmündig zu sein. Habe ich ein Buch, das für mich Verstand hat, einen Seelsorger, der für mich Gewissen hat, einen Arzt, der für mich die Diät beurteilt, u. s. w.: so brauche ich mich ja nicht selbst zu bemühen. Ich habe nicht nötig zu denken, wenn ich nur bezahlen kann; andere werden das verdrießliche Geschäft schon für mich übernehmen. Daß der bei weitem größte Teil der Menschen (darunter das ganze schöne Geschlecht) den Schritt zur Mündigkeit, außer dem daß er beschwerlich ist, auch für sehr gefährlich halte: dafür sorgen schon jene Vormünder, die die Oberaufsicht über sie gütigst auf sich genommen haben. Nachdem sie ihr Hausvieh zuerst dumm gemacht haben, und sorgfältig verhüteten, daß diese ruhigen Geschöpfe ja keinen Schritt außer dem Gängelwagen, darin sie sie einsperrten, wagen durften: so zeigen sie ihnen nachher die Gefahr, die ihnen drohet, wenn sie es versuchen, allein zu gehen. Nun ist diese Gefahr zwar eben so groß nicht, denn sie würden durch einigemal Fallen wohl endlich gehen lernen; allein ein Beispiel von der Art macht doch schüchtern, und schreckt gemeiniglich von allen ferneren Versuchen ab.

Es ist also für jeden einzelnen Menschen schwer, sich aus der ihm beinahe zur Natur gewordenen Unmündigkeit herauszuarbeiten. Er hat sie sogar lieb gewonnen, und ist vor der Hand wirklich unfähig, sich seines eigenen Verstandes zu bedienen, weil man ihn niemals den Versuch davon machen ließ. Satzungen und Formeln, diese mechanischen Werkzeuge eines vernünftigen Gebrauchs oder vielmehr Mißbrauchs seiner Naturgaben, sind die Fußschellen einer immerwährenden Unmündigkeit. Wer sie auch abwürfe, würde dennoch auch über den schmalesten Graben einen nur unsicheren Sprung tun, weil er zu dergleichen freier Bewegung nicht gewöhnt ist. Daher gibt es nur wenige, denen es gelungen ist, durch eigene Bearbeitung ihres Geistes sich aus der Unmündigkeit heraus zu wickeln, und dennoch einen sicheren Gang zu tun.

Daß aber ein Publikum sich selbst aufkläre, ist eher möglich; ja es ist, wenn man ihm nur Freiheit läßt, beinahe unausbleiblich. Denn da werden sich immer einige Selbstdenkende, sogar unter den eingesetzten Vormündern des großen Haufens, finden, welche, nachdem sie das Joch der Unmündigkeit selbst abgeworfen haben, den Geist einer vernünftigen Schätzung des eigenen Werts und des Berufs jedes Menschen, selbst zu denken, um sich verbreiten werden. Besonders ist hiebei: daß das Publikum, welches zuvor von ihnen unter dieses Joch gebracht worden, sie hernach selbst zwingt, darunter zu bleiben, wenn es von einigen seiner Vormünder, die selbst aller Aufklärung unfähig sind, dazu aufgewiegelt worden; so schädlich ist es, Vorurteile zu pflanzen, weil sie sich zuletzt an denen selbst rächen, die, oder deren Vorgänger, ihre Urheber gewesen sind. Daher kann ein Publikum nur langsam zur Aufklärung gelangen. Durch eine Revolution wird vielleicht wohl ein Abfall von persönlichem Despotism und gewinnsüchtiger oder herrschsüchtiger Bedrückung, aber niemals wahre Reform der Denkungsart zu Stande kommen; sondern neue Vorurteile werden, eben sowohl als die alten, zum Leitbande des gedankenlosen großen Haufens dienen.

Zu dieser Aufklärung aber wird nichts erfordert als *Freiheit;* und zwar die unschädlichste unter allem, was nur Freiheit heißen mag, nämlich die: von seiner Vernunft in allen Stücken *öffentlichen Gebrauch* zu machen. Nun höre ich aber von allen Seiten rufen: *räsonniert nicht!* Der Offizier sagt: räsonniert nicht, sondern exerziert! Der Finanzrat: räsonniert nicht, sondern bezahlt! Der Geistliche: räsonniert nicht, sondern glaubt! (Nur ein einziger Herr in der Welt sagt: *räsonniert,* so viel ihr wollt, und worüber ihr wollt; *aber gehorcht!*) Hier ist überall Einschränkung der Freiheit. Welche Einschränkung aber ist der Aufklärung hinderlich? welche nicht, sondern ihr wohl gar beförderlich? – Ich antworte: der *öffentliche* Gebrauch seiner Vernunft muß jederzeit frei sein, und der allein kann Aufklärung unter Menschen zu Stande bringen; der *Privatgebrauch* derselben aber darf öfters sehr enge eingeschränkt sein, ohne doch darum den Fortschritt der Aufklärung sonderlich zu hindern. Ich verstehe aber unter dem öffentlichen Gebrauche seiner eigenen Vernunft denjenigen, den jemand als *Gelehrter* von ihr vor dem ganzen Publikum der *Leserwelt* macht. Den Privatgebrauch nenne ich denjenigen, den er in einem gewissen ihm anvertrauten *bürgerlichen Posten,* oder Amte, von seiner Vernunft machen darf. Nun ist zu manchen Geschäften, die in das Interesse des gemeinen Wesens laufen, ein gewisser Mechanism notwendig, vermittelst dessen einige Glieder des gemeinen Wesens sich bloß passiv verhalten müssen, um durch eine künstliche Einhelligkeit von der Regierung zu öffentlichen Zwecken gerichtet, oder wenigstens von der Zerstörung dieser

Zwecke abgehalten zu werden. Hier ist es nun freilich nicht erlaubt, zu räsonnieren; sondern man muß gehorchen. So fern sich aber dieser Teil der Maschine zugleich als Glied eines ganzen gemeinen Wesens, ja sogar der Weltbürgergesellschaft ansieht, mithin in der Qualität eines Gelehrten, der sich an ein Publikum im eigentlichen Verstande durch Schriften wendet: kann er allerdings räsonnieren, ohne daß dadurch die Geschäfte leiden, zu denen er zum Teile als passives Glied angesetzt ist. So würde es sehr verderblich sein, wenn ein Offizier, dem von seinen Oberen etwas anbefohlen wird, im Dienste über die Zweckmäßigkeit oder Nützlichkeit dieses Befehls laut vernünfteln wollte; er muß gehorchen. Es kann ihm aber billigermaßen nicht verwehrt werden, als Gelehrter, über die Fehler im Kriegsdienste Anmerkungen zu machen, und diese seinem Publikum zur Beurteilung vorzulegen. Der Bürger kann sich nicht weigern, die ihm auferlegten Abgaben zu leisten: sogar kann ein vorwitziger Tadel solcher Auflagen, wenn sie von ihm geleistet werden sollen, als ein Skandal (das allgemeine Widersetzlichkeiten veranlassen könnte) bestraft werden. Eben derselbe handelt demohngeachtet der Pflicht eines Bürgers nicht entgegen, wenn er, als Gelehrter, wider die Unschicklichkeit oder auch Ungerechtigkeit solcher Ausschreibungen öffentlich seine Gedanken äußert. Eben so ist ein Geistlicher verbunden, seinen Katechismusschülern und seiner Gemeinde nach dem Symbol der Kirche, der er dient, seinen Vortrag zu tun; denn er ist auf diese Bedingung angenommen worden. Aber als Gelehrter hat er volle Freiheit, ja sogar den Beruf dazu, alle seine sorgfältig geprüften und wohlmeinenden Gedanken über das Fehlerhafte in jenem Symbol, und Vorschläge wegen besserer Einrichtung des Religions- und Kirchenwesens dem Publikum mitzuteilen. Es ist hiebei auch nichts, was dem Gewissen zur Last gelegt werden könnte. Denn, was er zu Folge seines Amts, als Geschäftträger der Kirche, lehrt, das stellt er als etwas vor, in Ansehung dessen er nicht freie Gewalt hat, nach eigenem Gutdünken zu lehren, sondern das er nach Vorschrift und im Namen eines andern vorzutragen angestellt ist. Er wird sagen: unsere Kirche lehrt dieses oder jenes; das sind die Beweisgründe, deren sie sich bedient. Er zieht alsdann allen praktischen Nutzen für seine Gemeinde aus Satzungen, die er selbst nicht mit voller Überzeugung unterschreiben würde, zu deren Vortrag er sich gleichwohl anheischig machen kann, weil es doch nicht ganz unmöglich ist, daß darin Wahrheit verborgen läge, auf alle Fälle aber wenigstens doch nichts der innern Religion Widersprechendes darin angetroffen wird. Denn glaubte er das letztere darin zu finden, so würde er sein Amt mit Gewissen nicht verwalten können; er müßte es niederlegen. Der Gebrauch also, den ein angestellter Lehrer von seiner Vernunft vor seiner Gemeinde macht, ist bloß ein *Privatgebrauch;* weil diese immer nur eine häusliche, obzwar noch so große, Versammlung ist; und in Ansehung dessen ist er, als Priester, nicht frei, und darf es auch nicht sein, weil er einen fremden Auftrag ausrichtet. Dagegen als Gelehrter, der durch Schriften zum eigentlichen Publikum, nämlich der Welt, spricht, mithin der Geistliche im *öffentlichen Gebrauche* seiner Vernunft, genießt einer uneingeschränkten Freiheit, sich seiner eigenen Vernunft zu bedienen und in seiner eigenen Person zu sprechen. Denn daß die Vormünder des Volks (in geistlichen Dingen) selbst wieder unmündig sein sollen, ist eine Ungereimtheit, die auf Verewigung der Ungereimtheiten hinausläuft.

Aber sollte nicht eine Gesellschaft von Geistlichen, etwa eine Kirchenversammlung, oder eine ehrwürdige Classis (wie sie sich unter den Holländern selbst nennt) berechtigt sein, sich eidlich untereinander auf ein gewisses unveränderliches Symbol zu verpflichten, um so eine unaufhörliche Obervormundschaft über jedes ihrer Glieder und vermittelst ihrer über das Volk zu führen, und diese so gar zu verewigen? Ich sage: das ist ganz unmöglich. Ein solcher Kontrakt, der auf immer alle weitere Aufklärung vom Menschengeschlechte abzuhalten geschlossen würde, ist schlechterdings null und nichtig; und sollte er auch durch die oberste Gewalt, durch Reichstage und die feierlichsten Friedensschlüsse bestätigt sein. Ein Zeitalter kann sich nicht verbünden und darauf verschwören, das folgende in einen Zustand zu setzen, darin es ihm unmöglich werden muß, seine (vornehmlich so sehr angelegentliche) Erkenntnisse zu erweitern, von Irrtümern zu reinigen, und überhaupt in der Aufklärung weiterzuschreiten. Das wäre ein Verbrechen wider die menschliche Natur, deren ursprüngliche Bestimmung gerade in diesem Fortschreiten besteht; und die Nachkommen sind also vollkommen dazu berechtigt, jene Beschlüsse, als unbefugter und frevelhafter Weise genommen, zu verwerfen. Der Probierstein alles dessen, was über ein Volk als Gesetz beschlossen werden kann, liegt in der Frage: ob ein Volk sich selbst wohl ein solches Gesetz auferlegen könnte? Nun wäre dieses wohl, gleichsam in der Erwartung eines bessern, auf eine bestimmte kurze Zeit möglich, um eine gewisse Ordnung einzuführen: indem man es zugleich jedem der Bürger, vornehmlich dem Geistlichen, frei ließe, in der Qualität eines Gelehrten öffentlich, d. i. durch Schriften, über das Fehlerhafte der dermaligen Einrichtung seine Anmerkungen zu machen, indessen die eingeführte Ordnung noch immer fortdauerte, bis die Einsicht in die Beschaffenheit dieser Sachen öffentlich so weit gekommen und bewähret worden, daß sie durch Vereinigung ihrer Stimmen (wenn gleich nicht aller) einen Vorschlag vor den Thron bringen könnte, um diejenigen Gemeinden in Schutz zu nehmen, die sich etwa nach ihren Begriffen der besseren Einsicht zu einer veränderten Religionseinrichtung geeinigt hätten, ohne doch diejenigen zu hindern, die es beim Alten wollten bewenden lassen. Aber auf eine beharrliche, von niemandem öffentlich zu bezweifelnde Religionsverfassung, auch nur binnen der Lebensdauer eines Menschen, sich zu einigen, und dadurch einen Zeitraum in dem Fortgange der Menschheit zur Verbesserung gleichsam zu vernichten, und fruchtlos, dadurch aber wohl gar der Nachkommenschaft nachteilig zu machen, ist schlechterdings unerlaubt. Ein Mensch kann zwar für seine Person, und auch alsdann nur auf einige Zeit, in dem, was ihm zu wissen obliegt, die Aufklärung aufschieben; aber auf sie Verzicht zu tun, es sei für seine Person, mehr aber noch für die Nachkommenschaft, heißt die heiligen Rechte der Menschheit verletzen und mit Füßen treten. Was aber nicht einmal ein Volk über sich selbst beschließen darf, das darf noch weniger ein Monarch über das Volk beschließen; denn sein gesetzgebendes Ansehen beruht eben darauf, daß er den gesamten Volkswillen in dem seinigen vereinigt. Wenn er nur darauf sieht, daß alle wahre oder vermeinte Verbesserung mit der bürgerlichen Ordnung zusammen bestehe: so kann er seine Untertanen übrigens nur selbst machen lassen, was sie um ihres Seelenheils willen zu tun nötig finden; das geht ihn nichts an, wohl aber zu verhüten, daß nicht einer den andern gewalttätig hindere, an der Bestimmung und Beförderung desselben nach allem seinen Vermögen zu arbeiten. Es tut selbst seiner Majestät Abbruch, wenn er sich hierin mischt, indem er die Schriften, wodurch seine Untertanen ihre Einsichten ins reine zu bringen suchen, seiner Regierungsaufsicht würdigt, sowohl wenn er dieses aus eigener höchsten Einsicht tut, wo er sich dem Vorwurfe aussetzt: Caesar non est supra grammaticos [»Der Kaiser steht nicht über den Grammatikern«], als auch und noch weit mehr, wenn er seine oberste Gewalt so weit erniedrigt, den geistlichen Despotism einiger Tyrannen in seinem Staate gegen seine übrigen Untertanen zu unterstützen.

Wenn denn nun gefragt wird: Leben wir jetzt in einem *aufgeklärten* Zeitalter?, so ist die Antwort: Nein, aber wohl in einem Zeitalter der *Aufklärung*. Daß die Menschen, wie die

Sachen jetzt stehen, im ganzen genommen, schon im Stande wären, oder darin auch nur gesetzt werden könnten, in Religionsdingen sich ihres eigenen Verstandes ohne Leitung eines andern sicher und gut zu bedienen, daran fehlt noch sehr viel. Allein, daß jetzt ihnen doch das Feld geöffnet wird, sich dahin frei zu bearbeiten, und die Hindernisse der allgemeinen Aufklärung, oder des Ausganges aus ihrer selbst verschuldeten Unmündigkeit, allmählich weniger werden, davon haben wir doch deutliche Anzeigen. In diesem Betracht ist dieses Zeitalter das Zeitalter der Aufklärung, oder das Jahrhundert *Friederichs*.

Ein Fürst, der es seiner nicht unwürdig findet, zu sagen: daß er es für *Pflicht* halte, in Religionsdingen den Menschen nichts vorzuschreiben, sondern ihnen darin volle Freiheit zu lassen, der also selbst den hochmütigen Namen der *Toleranz* von sich ablehnt, ist selbst aufgeklärt, und verdient von der dankbaren Welt und Nachwelt als derjenige gepriesen zu werden, der zuerst das menschliche Geschlecht der Unmündigkeit, wenigstens von Seiten der Regierung, entschlug, und jedem frei ließ, sich in allem, was Gewissensangelegenheit ist, seiner eigenen Vernunft zu bedienen. Unter ihm dürfen verehrungswürdige Geistliche, unbeschadet ihrer Amtspflicht, ihre vom angenommenen Symbol hier oder da abweichenden Urteile und Einsichten, in der Qualität der Gelehrten, frei und öffentlich der Welt zur Prüfung darlegen; noch mehr aber jeder andere, der durch keine Amtspflicht eingeschränkt ist. Dieser Geist der Freiheit breitet sich auch außerhalb aus, selbst da, wo er mit äußeren Hindernissen einer sich selbst mißverstehenden Regierung zu ringen hat. Denn es leuchtet dieser doch ein Beispiel vor, daß bei Freiheit für die öffentliche Ruhe und Einigkeit des gemeinen Wesens nicht das mindeste zu besorgen sei. Die Menschen arbeiten sich von selbst nach und nach aus der Rohigkeit heraus, wenn man nur nicht absichtlich künstelt, um sie darin zu erhalten.

Ich habe den Hauptpunkt der Aufklärung, die des Ausganges

der Menschen aus ihrer selbst verschuldeten Unmündigkeit, vorzüglich in *Religionssachen* gesetzt: weil in Ansehung der Künste und Wissenschaften unsere Beherrscher kein Interesse haben, den Vormund über ihre Untertanen zu spielen; überdem auch jene Unmündigkeit, so wie die schädlichste, also auch die entehrendste unter allen ist. Aber die Denkungsart eines Staatsoberhaupts, der die erstere begünstigt, geht noch weiter und sieht ein: daß selbst in Ansehung seiner *Gesetzgebung* es ohne Gefahr sei, seinen Untertanen zu erlauben, von ihrer eigenen Vernunft *öffentlichen* Gebrauch zu machen, und ihre Gedanken über eine bessere Abfassung derselben, sogar mit einer freimütigen Kritik der schon gegebenen, der Welt öffentlich vorzulegen; davon wir ein glänzendes Beispiel haben, wodurch noch kein Monarch demjenigen vorging, welchen wir verehren.

Aber auch nur derjenige, der, selbst aufgeklärt, sich nicht vor Schatten fürchtet, zugleich aber ein wohldiszipliniertes zahlreiches Heer zum Bürgen der öffentlichen Ruhe zur Hand hat, kann das sagen, was ein Freistaat nicht wagen darf: *räsonniert, so viel ihr wollt, und worüber ihr wollt; nur gehorcht!* So zeigt sich hier ein befremdlicher, nicht erwarteter Gang menschlicher Dinge; so wie auch sonst, wenn man ihn im großen betrachtet, darin fast alles paradox ist. Ein größerer Grad bürgerlicher Freiheit scheint der Freiheit des *Geistes* des Volkes vorteilhaft und setzt ihr doch unübersteigliche Schranken; ein Grad weniger von jener verschafft hingegen diesem Raum, sich nach allem seinem Vermögen auszubreiten. Wenn denn die Natur unter dieser harten Hülle den Keim, für den sie am zärtlichsten sorgt, nämlich den Hang und Beruf zum *freien Denken,* ausgewickelt hat: so wirkt dieser allmählich zurück auf die Sinnesart des Volks (wodurch dieses der *Freiheit zu handeln* nach und nach fähiger wird), und endlich auch sogar auf die Grundsätze der *Regierung,* die es ihr selbst zuträglich findet, den Menschen, der nun *mehr als Maschine* ist, seiner Würde gemäß zu behandeln.

Karl Marx

Die Klassengegensätze

Die Ökonomen verfahren auf eine sonderbare Art. Es gibt für sie nur zwei Arten von Institutionen, künstliche und natürliche. Die Institutionen des Feudalismus sind künstliche Institutionen; die der Bourgeoisie natürliche. Sie gleichen darin den Theologen, die auch zwei Arten von Religionen unterscheiden. Jede Religion, die nicht die ihre ist, ist eine Erfindung der Menschen, während ihre eigene Religion eine Offenbarung Gottes ist. Wenn die Ökonomen sagen, daß die gegenwärtigen Verhältnisse – die Verhältnisse der bürgerlichen Produktion – natürliche sind, so geben sie damit zu verstehen, daß es Verhältnisse sind, in denen die Erzeugung des Reichtums und die Entwicklung der Produktivkräfte sich gemäß den Naturgesetzen vollziehen. Somit sind diese Verhältnisse selbst von dem Einfluß der Zeit unabhängige Naturgesetze. Es sind ewige Gesetze, welche stets die Gesellschaft zu regieren haben. Somit hat es eine Geschichte gegeben, aber es gibt keine mehr; es hat eine Geschichte gegeben, weil feudale Einrichtungen bestanden haben, und weil man in diesen feudalen Einrichtungen Produktionsverhältnisse findet, vollständig verschieden von denen der bürgerlichen Gesellschaft, welche die Ökonomen als natürliche und demgemäß ewige angesehen wissen wollen.

Auch der Feudalismus hatte sein Proletariat – die Leibeigenschaft, welche die Keime des Bürgertums enthielt. Auch die feudale Produktion hatte zwei antagonistische Elemente, die man gleichfalls als *gute* und *schlechte* Seite des Feudalismus bezeichnet, ohne zu berücksichtigen, daß es stets die schlechte Seite ist, welche schließlich den Sieg über die gute Seite davonträgt. Die schlechte Seite ist es, welche die Bewegung ins Leben ruft, welche die Geschichte macht, dadurch, daß sie den

Kampf zeitigt. Hätten zur Zeit der Herrschaft des Feudalismus die Ökonomen, begeistert von den ritterlichen Tugenden, von der schönen Harmonie zwischen Rechten und Pflichten, von dem patriarchalischen Leben der Städte, von dem Blühen der Hausindustrie auf dem Lande, von der Entwicklung der in Korporationen, Zünften, Innungen organisierten Industrie, mit einem Wort von *allem,* was die schöne Seite des Feudalismus bildet, sich das Problem gestellt, *alles* auszumerzen, was einen Schatten auf dies Bild wirft – Leibeigenschaft, Privilegien, Anarchie –, wohin wären sie damit gekommen? Man hätte alle Elemente vernichtet, welche den Kampf hervorriefen, man hätte die Entwicklung der Bourgeoisie im Keim erstickt. Man hätte sich das absurde Problem gestellt, die Geschichte auszustreichen.

Als die Bourgeoisie obenauf gekommen war, fragte man weder nach der guten noch nach der schlechten Seite des Feudalismus. Die Produktivkräfte, welche sich durch sie unter dem Feudalismus entwickelt hatten, fielen ihr zu. Alle alten ökonomischen Formen, die privatrechtlichen Beziehungen, welche ihnen entsprachen, der politische Zustand, welcher der offizielle Ausdruck der alten Gesellschaft war, wurden zerbrochen.

Will man somit die feudale Produktion richtig beurteilen, so muß man sie als eine auf den Gegensatz basierte Produktionsweise betrachten. Man muß zeigen, wie der Reichtum innerhalb dieses Gegensatzes produziert wurde, wie die Produktivkräfte sich gleichzeitig mit dem Widerstreit der Klassen entwickelten, wie die eine dieser Klassen, die schlechte Seite, das gesellschaftliche Übel, stets anwuchs, bis die materiellen Bedingungen ihrer Emanzipation zur Reife gediehen waren. Sagt das nicht deutlich genug, daß die Produktionsweise, die Verhältnisse, in denen die Produktivkräfte sich entwickeln, nichts weniger als ewige Gesetze sind, sondern einem bestimmten Entwicklungszustande der Menschen und ihrer Produktivkräfte entsprechen, und daß eine in den Produktivkräften der Menschen eingetretene Veränderung notwendigerweise eine Veränderung in ihren Produktionsverhältnissen herbeiführt? Da es vor allen Dingen darauf ankommt, nicht von den Früchten der Zivilisation, den erworbenen Produktivkräften ausgeschlossen zu sein, so wird es notwendig, die überkommenen Formen, in welchen sie geschaffen worden, zu zerbrechen. Von diesem Augenblick an wird die revolutionäre Klasse konservativ.

Die Bourgeoisie beginnt mit einem Proletariat, das selbst wiederum ein Überbleibsel des Proletariats des Feudalismus ist. In dem Verlauf ihrer historischen Entwicklung entwickelt die Bourgeoisie notwendigerweise ihren antagonistischen Charakter, der sich bei ihrem ersten Auftreten mehr oder minder verhüllt vorfindet, nur im latenten Zustande existiert. In dem Maße, als die Bourgeoisie sich entwickelt, entwickelt sich in ihrem Schoße ein neues Proletariat, ein modernes Proletariat: es entwickelt sich ein Kampf zwischen der Proletarierklasse und der Bourgeoisklasse, ein Kampf, der, bevor er auf beiden Seiten empfunden, bemerkt, gewürdigt, begriffen, eingestanden und endlich laut proklamiert wird, sich vorläufig nur in teilweisen und vorübergehenden Konflikten, in Zerstörungswerken äußert. Andererseits, wenn alle Angehörigen der modernen Bourgeoisie das gleiche Interesse haben, insoweit sie eine Klasse gegenüber einer anderen Klasse bilden, so haben sie entgegengesetzte, widerstreitende Interessen, sobald sie selbst einander gegenüberstehen. Dieser Interessenschatz geht aus den ökonomischen Bedingungen ihres bürgerlichen Lebens hervor. Von Tag zu Tag wird es somit klarer, daß die Produktionsverhältnisse, in denen sich die Bourgeoisie bewegt, nicht einen einheitlichen, einfachen Charakter haben, sondern einen zwieschlächtigen; daß in denselben Verhältnissen, in denen der Reichtum produziert wird, auch das Elend produziert wird: daß in denselben Verhältnissen, in denen die Entwicklung der

Produktivkräfte vor sich geht, sich eine Repressionskraft entwickelt; daß diese Verhältnisse den *bürgerlichen Reichtum,* d. h. den Reichtum der Bourgeoisklasse nur erzeugen unter fortgesetzter Vernichtung des Reichtums *einzelner Glieder* dieser Klasse und unter Schaffung eines stets wachsenden Proletariats.

Je mehr dieser gegensätzliche Charakter zutage tritt, desto mehr geraten die Ökonomen, die wissenschaftlichen Repräsentanten der bürgerlichen Produktion, mit ihrer eigenen Theorie in Widerspruch, und verschiedene Schulen bilden sich.

Wir haben die *fatalistischen* Ökonomen, die in ihrer Theorie ebenso gleichgültig gegen das sind, was sie die Übelstände der bürgerlichen Produktionsweise nennen, als die Bourgeois selbst es in der Praxis sind gegenüber den Leiden der Proletarier, die ihnen die Reichtümer erwerben helfen. In dieser fatalistischen Schule gibt es Klassiker und Romantiker. Die Klassiker, wie Adam Smith und Ricardo, vertreten eine Bourgeoisie, die, noch im Kampf mit den Resten der feudalen Gesellschaft, nur daran arbeitet, die ökonomischen Verhältnisse von den feudalen Flekken zu reinigen, die Produktivkräfte zu vermehren und der Industrie und dem Handel neue Triebkraft zu geben. Das an diesem Kampf teilnehmende Proletariat kennt, von dieser fieberhaften Arbeit absorbiert, nur vorübergehende zufällige Leiden, betrachtet sie selbst als solche. Die Ökonomen, wie Adam Smith und Ricardo, welche die Historiker dieser Epoche sind, haben lediglich die Mission, nachzuweisen, wie der Reichtum unter den Verhältnissen der bürgerlichen Produktion erworben wird; diese Verhältnisse in Kategorien, in Gesetze zu formulieren und nachzuweisen, um wie viel diese Gesetze, diese Kategorien für die Produktion der Reichtümer überlegen sind den Gesetzen und Kategorien der feudalen Gesellschaft. Das Elend ist in ihren Augen nur der Schmerz, der jede Geburt begleitet, in der Natur wie in der Industrie.

Die Romantiker gehören unserer Epoche an, in der die Bourgeoisie sich im direkten Gegensatz mit dem Proletariat befindet, wo das Elend in ebenso großem Übermaß anwächst wie der Reichtum. Die Ökonomen spielen sich alsdann als blasierte Fatalisten auf und werfen von der Höhe ihres Standpunktes einen stolzen Blick der Verachtung auf die menschlichen Maschinen, die den Reichtum erzeugen. Sie wiederholen alle von ihren Vorläufern gegebenen Ausführungen, aber die Indifferenz, die bei jenen Naivität war, wird bei ihnen Koketterie.

Kommt alsdann die *humanitäre* Schule, welche sich die schlechte Seite der heutigen Produktionsverhältnisse zu Herzen nimmt. Diese sucht, um ihr Gewissen zu beruhigen, die wirklichen Kontraste, so gut es eben geht, zu bemänteln; sie beklagt aufrichtig die Not des Proletariats, die zügellose Konkurrenz der Bourgeois unter sich; sie rät den Arbeitern, mäßig zu sein, fleißig zu arbeiten und wenig Kinder zu zeugen; sie empfiehlt den Bourgeois Überlegung in ihrem Produktionseifer. Die ganze Theorie dieser Schule besteht in endlosen Unterscheidungen zwischen Theorie und Praxis, zwischen den Prinzipien und den Resultaten, zwischen der Idee und der Anwendung, zwischen dem Inhalt und der Form, zwischen dem Wesen und der Wirklichkeit, zwischen dem Recht und der Tatsache, zwischen der guten und schlechten Seite.

Die *philanthropische* Schule ist die vervollkommnete humanitäre Schule. Sie leugnet die Notwendigkeit des Gegensatzes, sie will aus allen Menschen Bourgeois machen; sie will die Theorie verwirklichen, soweit dieselbe sich von der Praxis unterscheidet und den Antagonismus nicht einschließt. Selbstverständlich ist es in der Theorie leicht, von den Widersprüchen zu abstrahieren, auf die man auf jedem Schritt in der Wirklichkeit stößt. Diese Theorie würde alsdann die idealisierte Wirklichkeit werden. Die Philanthropen wollen also die Kategorien erhalten, welche der Ausdruck der bürgerlichen Verhältnisse sind, ohne den Widerspruch, der ihr Wesen ausmacht und der von ihnen unzertrenntlich ist. Sie bilden sich ein, ernsthaft die bürgerliche Praxis zu bekämpfen, und sie sind mehr Bourgeois als die anderen.

Wie die Ökonomen die wissenschaftlichen Vertreter der Bourgeoisklasse sind, so sind die Sozialisten und Kommunisten die Theoretiker der Klasse des Proletariats. Solange das Proletariat noch nicht genügend entwickelt ist, um sich als Klasse zu konstituieren, und daher der Kampf des Proletariats mit der Bourgeoisie noch keinen politischen Charakter trägt; solange die Produktivkräfte noch im Schoße der Bourgeoisie selbst nicht genügend entwickelt sind, um die materiellen Bedingungen durchscheinen zu lassen, die notwendig sind zur Befreiung des Proletariats und zur Bildung einer neuen Gesellschaft – so lange sind diese Theoretiker nur Utopisten, die, um den Bedürfnissen der unterdrückten Klassen abzuhelfen, Systeme ausdenken und nach einer regenerierenden Wissenschaft suchen. Aber in dem Maße, wie die Geschichte vorschreitet und mit ihr der Kampf des Proletariats sich deutlicher abzeichnet, haben sie nicht mehr nötig, die Wissenschaft in ihrem Kopfe zu suchen; sie haben nur sich Rechenschaft abzulegen von dem, was sich vor ihren Augen abspielt, und sich zum Organ desselben zu machen. Solange sie die Wissenschaft suchen und nur Systeme machen, solange sie im Beginn des Kampfes sind, sehen sie im Elend nur das Elend, ohne die revolutionäre umstürzende Seite darin zu erblicken, welche die alte Gesellschaft über den Haufen werfen wird. Von diesem Augenblick an wird die Wissenschaft bewußtes Erzeugnis der historischen Bewegung, und sie hat aufgehört, doktrinär zu sein, sie ist revolutionär geworden.

Bertrand Russell

Lob des Müßiggangs

In der Vergangenheit gab es eine kleine Klasse von Müßigen und eine größere arbeitende Klasse. Die Klasse der Müßigen genoß Vorteile, die auf sozialer Ungerechtigkeit beruhten; dadurch wurde sie zwangsläufig tyrannisch und gefühlsarm und mußte Theorien zur Rechtfertigung ihrer Vorrechte erfinden. Das alles schmälerte stark ihre Verdienste, aber trotz dieser Schattenseiten hat sie fast alles geschaffen, was wir Zivilisation nennen. Sie förderte die Künste und entdeckte die Wissenschaften; sie schrieb Bücher, entwickelte Philosophien und vervollkommnete die gesellschaftlichen Beziehungen. Selbst die Befreiung der Unterdrückten wurde gewöhnlich von oben her eingeleitet. Ohne die Klasse der Müßiggänger wären die Menschen heute noch Barbaren.

Es war jedoch eine außerordentlich verschwenderische Methode, daß sich in einer Klasse das Nichtstun, bar aller Pflichten, vererbte. Kein Mitglied dieser Klasse hatte je gelernt, fleißig zu sein, und im Ganzen gesehen war sie nicht ungewöhnlich intelligent. Jene Gesellschaftsklasse mochte wohl einmal einen Darwin hervorbringen, aber diesem einen standen ja Zehntausende von Landedelleuten gegenüber, die nie etwas Gescheiteres im Kopfe hatten als Fuchsjagden und Strafen für Wilddiebe. Gegenwärtig, nimmt man an, versorgen uns die Universitäten auf systematischere Weise mit allem, was die müßige Gesellschaftsklasse früher zufällig und nebenbei bewirkte. Das ist ein großer Fortschritt, hat aber auch gewisse Nachteile. Das Universitätsleben unterscheidet sich so sehr vom allgemeinen Leben draußen in der Welt, daß die Menschen, die in einem akademischen Milieu leben, meist keine Ahnung haben von den eigentlichen Vorurteilen und Problemen der normalen Männer

und Frauen; außerdem haben sie gewöhnlich eine Ausdrucks-
weise, die ihre Ansichten jedes Einflusses auf das durchschnitt-
liche Publikum beraubt. Ein anderer Nachteil ist, daß man an
den Universitäten nur organisierte und vorgeschriebene Stu-
dienarbeit kennt, so daß jemand, der auf eigenen Wegen for-
schend vorgehen möchte, wahrscheinlich entmutigt werden
wird. Akademische Einrichtungen können daher, so nützlich
sie auch sind, nicht als angemessene Wahrer der zivilisatori-
schen Interessen gelten in dieser Welt, wo alle Menschen jenseits ihrer Mauern nur allzu eifrig dem reinen Nützlichkeits-
prinzip huldigen.

Wenn auf Erden niemand mehr gezwungen wäre, mehr als
vier Stunden täglich zu arbeiten, würde jeder Wißbegierige seinen wissenschaftlichen Neigungen nachgehen können und jeder Maler könnte malen, ohne dabei zu verhungern, und wenn
seine Bilder noch so gut wären. Junge Schriftsteller brauchten
nicht durch sensationelle Reißer auf sich aufmerksam zu machen, um wirtschaftlich so unabhängig zu werden, daß sie die
monumentalen Werke schaffen können, für die sie heute, wenn
sie endlich so weit gekommen sind, gar keinen Sinn und keine
Kraft mehr haben. Menschen, die sich als Fachleute für eine
besondere wirtschafts- oder staatspolitische Phase interessie-
ren, werden ihre Ideen entwickeln können, ohne dabei im luft-
leeren akademischen Raum zu schweben, was der Arbeit der
Volkswirtschaftler an den Universitäten so häufig einen wirk-
lichkeitsfremden Anstrich gibt. Die Ärzte werden Zeit haben,
sich mit den Fortschritten auf medizinischem Gebiet vertraut
zu machen, die Lehrer werden sich nicht mehr erbittert bemühen müssen, mit routinemäßigen Methoden Dinge zu lehren,
die sie in ihrer Jugend gelernt und die sich in der Zwischenzeit
vielleicht als falsch erwiesen haben.

Vor allem aber wird es wieder Glück und Lebensfreude geben, statt der nervösen Gereiztheit, Übermüdung und schlech-

ten Verdauung. Man wird genug arbeiten, um die Muße genießen zu können, und doch nicht bis zur Erschöpfung arbeiten müssen. Wenn die Menschen nicht mehr müde in ihre Freizeit hineingehen, dann wird es sie auch bald nicht mehr nach passiver und geistloser Unterhaltung verlangen. Mindestens ein Prozent wird sich wahrscheinlich in der Zeit, die nicht mit berufstätiger Arbeit ausgefüllt ist, Aufgaben von allgemeinem Interesse widmen, und da ihr Lebensunterhalt nicht von dieser Beschäftigung abhängt, werden sie dabei ungehindert eigene Wege beschreiten können und nicht gezwungen sein, sich nach den Maßstäben zu richten, die ältere Pseudowissenschaftler aufgestellt haben. Aber die Vorteile der Muße werden nicht nur an diesen Ausnahmefällen zu erkennen sein. Die normalen Männer und Frauen werden, da sie die Möglichkeit haben, ein glückliches Leben zu führen, gütiger und toleranter und anderen gegenüber weniger mißtrauisch sein. Die Lust am Kriegführen wird aussterben, teils aus diesem Grunde und teils, weil Krieg für alle langdauernde, harte Arbeit bedeuten würde. Guten Mutes zu sein, ist die sittliche Eigenschaft, deren die Welt vor allem und am meisten bedarf, und Gutmütigkeit ist das Ergebnis von Wohlbehagen und Sicherheit, nicht von anstrengendem Lebenskampf. Mit den modernen Produktionsmethoden ist die Möglichkeit gegeben, daß alle Menschen behaglich und sicher leben können; wir haben es statt dessen vorgezogen, daß sich manche überanstrengen und die andern verhungern. Bisher sind wir noch immer so energiegeladen arbeitsam wie zur Zeit, da es noch keine Maschinen gab; das war sehr töricht von uns, aber sollten wir nicht auch irgendwann einmal gescheit werden?

Georg Wilhelm Friedrich Hegel

Weltgeschichte und Weltgeist

Es hat sich erst aus der Betrachtung der Weltgeschichte selbst zu ergeben, daß es vernünftig in ihr zugegangen sey, daß sie der vernünftige, nothwendige Gang des Weltgeistes gewesen, des Geistes, dessen Natur zwar immer eine und dieselbe ist, aber in dem Weltdaseyn diese seine eine Natur explicirt. Dieß muß das Ergebnis der Geschichte seyn.

Karl Jaspers

Schema der Weltgeschichte

Die Geschichte im engeren Sinne läßt sich im *Schema* etwa auf folgende Weise vor Augen stellen: Aus der dunklen Welt der Jahrhunderttausende langen Vorgeschichte und des Jahrzehntausende währenden Lebens uns ähnlicher Menschen erwachen seit Jahrtausenden v. Chr. die alten Hochkulturen in Mesopotamien, Ägypten, im Indusgebiet und am Hoang-ho.

Auf den Erdball im Ganzen gesehen sind das Lichtinseln in der breiten Masse aller übrigen Menschen, in dem noch immer, bis nahe an unsere Gegenwart, allumfassenden Raum der Naturvölker.

Aus den alten Hochkulturen, in ihnen selber oder in ihrem Umkreis, erwächst in der Achsenzeit von 800-200 v. Chr. die geistige Grundlegung der Menschheit, und zwar an drei voneinander unabhängigen Stellen, dem in Orient-Okzident polarisierten Abendland, in Indien und China.

Das Abendland bringt seit dem Ende des Mittelalters in Europa die moderne Wissenschaft und mit ihr seit dem Ende des 18. Jahrhunderts das technische Zeitalter hervor – das erste seit der Achsenzeit geistig und materiell wirklich völlig neue Ereignis.

Von Europa her wurde Amerika bevölkert und geistig begründet, wurde Rußland, das seine Wurzel im östlichen Christentum hat, im Rationalen und Technischen entscheidend gestaltet, während es seinerseits ganz Nordasien bis an den Stillen Ozean besiedelte.

Die heutige Welt mit ihren großen Blöcken Amerika und Rußland, mit Europa, Indien und China, mit Vorderasien, Südamerika und den übrigen Gebieten der Erde, ist im langsamen Prozeß seit dem 16. Jahrhundert zu der durch die Technik ermöglichten faktischen Verkehrseinheit geworden, die in Kampf und Spaltung doch zunehmend auf die politische Vereinigung drängt, sei es gewaltsam in einem despotischen Weltimperium, sei es durch Verständigung in einer Weltordnung des Rechts.

Man kann sagen: Es gab bisher noch keine Weltgeschichte, sondern nur ein Aggregat von Lokalgeschichten.

Was wir Geschichte nennen, und was im bisherigen Sinne nun zu Ende ist, das war der Zwischenaugenblick von fünftausend Jahren zwischen der durch vorgeschichtliche Jahrhunderttausende sich erstreckenden Besiedlung des Erdballs und dem heutigen Beginn der eigentlichen Weltgeschichte. Vor der Geschichte fand in der Vereinzelung der menschlichen Gruppen ohne Bewußtsein ihres Zusammenhangs ein durchweg nur wiederholendes Weiterleben statt, noch nahe verwandt dem Naturgeschehen. Dann aber war unsere kurze bisherige Geschichte gleichsam das Sichtreffen, das Sichversammeln der Menschen zur Aktion der Weltgeschichte, war der geistige und technische Erwerb der Ausrüstung zum Bestehen der Reise. Wir fangen gerade an.

Lee Smolin

Evolutionen

*Wenn das Ziel der Moderne in der Kunst darin bestand,
das alte Haus abzubrennen, dann hat die Postmoderne
bisher nur mit kleinen, verkohlten, übriggebliebenen
Teilen gespielt, was ziemlich kindlich ist in Anbetracht
dessen, daß der Winter kommt.*

– Saint Clair Cemin

Was auch immer wir sonst noch gemein haben mögen, wir
sind alle Kinder des zwanzigsten Jahrhunderts – dieser überra-
schendsten, gewalttätigsten und hoffnungsvollsten aller Zeiten,
in der mehr Menschen durch Gewalt getötet wurden als jemals
zuvor, doch in der auch zum ersten Mal die Kunst, Politik, Wissenschaft, allgemeine Kultur und der Kommerz international
wurden und in der es zum ersten Mal möglich wurde, überall,
in jeder Stadt, jedem Flughafen, jedem Zugabteil oder auf jedem Campingplatz, Leute zu treffen, die sich als Bewohner
eines Planeten ansehen, nicht nur eines Landes, einer Region
oder einer Stadt. Diese unsichere Zeit ist sicher ein Moment des
Wandels, aus dem die Menschen nur langsam in eine neue Welt
streben; sicherlich nicht Utopia, doch vielleicht eine unendlich
vielfältigere, interessantere und auch hoffnungsvollere Welt, als
dieser sterile Traum es jemals hätte sein können.

Und was werden die Bewohner dieser Welt sehen, wenn sie
auf unsere Zeit zurückschauen? Die Zeichen des Wandels finden
sich überall, doch am deutlichsten sind sie vielleicht in den
künstlerischen und intellektuellen Errungenschaften unserer
Zeit erkennbar, in den Bildern von Picasso bis zu den Surrea-
listen und den abstrakten Expressionisten, in der Musik von
Strawinsky bis Pärt, in den Tänzen von Martha Graham, in Witt-

gensteins Anti-Philosophie, in Gödels Theorem, in der modernen Topologie, in der Literatur und dem Theater, in der Molekularbiologie und den Visionen von Margulis und Lovelock. In diesen Erfindungen der Phantasie, wie noch in vielem anderen, erkennen wir den Richtungswechsel, wohin Menschen blicken, um Harmonie und Schönheit in der Welt zu finden und zu erzeugen. Und ich hoffe, den Leser überzeugt zu haben, daß die Zeichen eines großen Wandels nirgendwo deutlicher zu erkennen sind als in dem unvollständigen und ungelösten Zustand unserer physikalischen und kosmologischen Theorien. [...]

Ich bin davon überzeugt, daß es Zusammenhänge zwischen der Art von Ideen gibt, über die wir in der Kosmologie nachdenken, und den Ideen, die man heutzutage in der Philosophie, Kunst, Theologie, theoretischen Politologie und Soziologie hört. Wenn ich über unseren Campus spaziere und den Gesprächen der Kollegen aus der postmodernen Kunstkritik, den fundamentalen Rechtswissenschaften, der feministischen Erkenntnistheorie, der theoretischen Psychoanalytik und der Fundamentaltheologie zuhöre oder den Freunden aus dem Bereich der Kunst oder Philosophie, wie sie damit kämpfen, die Zukunft ihrer veralteten Praktiken zu definieren, dann höre ich Argumente, die den Argumenten von meinen Kollegen und mir nicht unähnlich sind, wenn wir versuchen, eine sinnvolle Quantentheorie der Kosmologie zu erfinden. Ich weiß, daß es gefährlich ist, solche Parallelen zu ziehen. Doch ich weiß auch, was diese Freunde bzw. Kollegen und ich gemeinsam haben. Wir alle versuchen, einer Jugend einen Sinn zu geben, die die ekstatischen Utopien der sechziger Jahre durchlebte und die als Erwachsene den Zusammenbruch der so vollkommen anderen marxistischen Utopie und die Enthüllungen der Gewalt, die dieser Traum ihren Menschen brachte, miterlebten. Wir versuchen alle zu verstehen, was Demokratie in einer Welt bedeuten könnte, die beherrscht ist von Konsumkapitalismus, wachsenden ökologischen Gefahren, einer zunehmenden Kluft zwischen Arm und Reich und der permanenten Konfrontation von Menschen mit radikal unterschiedlichen Kulturen und Erwartungen an das Leben. Seit unserer Kindheit sind wir alle gespannt, ob unsere Welt an den unbeabsichtigten Folgen von Gewalt und Habgier zugrunde gehen wird oder ob wir für uns Menschen auf diesem Planeten einen Weg zu einer großen Gesellschaft finden werden, die auf gegenseitigem Respekt und nicht auf Gewalt basiert. Es ist daher kaum überraschend, daß wir alle auf die eine oder andere Art versuchen zu verstehen, was es bedeutet, eine Beschreibung eines umfassenden Universums zu entwickeln, die von innen heraus kommt, ohne jeglichen Bezug auf feste äußere Strukturen, auf einen einzelnen festen Standpunkt oder absolute Imperative. Mit den Worten der Malerin Donna Moylan ausgedrückt: Wir versuchen alle, Kosmologien des Überlebens zu entwerfen.

Sollten wir die Menschheit zu einer großen Gemeinschaft verschmelzen können, so wird dies zumindest teilweise auch darauf beruhen, daß wir die möglichen Antworten auf die letzten Fragen in all jenen Bereichen, in denen sie auftreten, von der Politik über die Kunst bis hin zur Kosmologie, zu erahnen beginnen. Davon bin ich überzeugt, auch wenn ich kein so stichhaltiges Argument liefern kann, wie ich es bei technischen Fragen in der Physik gewohnt bin. Ich überlasse die Erklärungen denjenigen, die weiser sind als ich. Es kann für mich jedoch kein Zufall sein, daß das Bild des Universums, wie es von Descartes und Newton entworfen wurde, eine bemerkenswerte Ähnlichkeit mit der idealen Gesellschaft hat, die sich Locke und Hobbes vorstellten. Atome, die sich individuell bewegen, deren Eigenschaften durch ihre Beziehung zu einer festen und absoluten, mit Gott identifizierten Struktur gegeben sind, die nach absoluten, unveränderlichen und für alle geltenden Gesetzen untereinander in Wechselwirkung stehen – ist es ein Zufall, daß

hierdurch sowohl das Universum Newtons wie auch das Ideal
einer liberalen Gesellschaft des achtzehnten und neunzehnten
Jahrhunderts beschrieben wird? Oder daß sowohl die mittel-
alterliche Gesellschaft wie auch die Kosmologie des Aristoteles
auf einem hierarchischen Bild eines unveränderlichen und end-
lichen Universums beruhen, mit verschiedenen Ebenen aus verschiedenen Substanzen, die verschiedenen Gesetzen gehorchen,
mit der Erde im Zentrum und auf der höchsten Ebene direkt
mit Gott, als dem ersten Beweger, verbunden? Die Kosmologie
war damals von großer Bedeutung, und ich glaube, sie wird dies
immer sein, selbst wenn sie sich, ebenso wie die Gesellschaft, in
unvorhersehbarer Weise verändert. [...]

Ich glaube nicht, daß die Wissenschaft von uns willkürlich
erfunden wird oder daß die wissenschaftliche Wahrheit nicht
mehr ist als ein Konsens zwischen denen, die offiziell als Wissenschaftler bezeichnet werden. Ich glaube an die Natur. Sie ist
uns überlegen, und sie widersetzt sich unseren Phantasien und
Schemen. Tatsächlich scheint mir das Gefährlichste zu sein, mit
welcher Leichtigkeit sich die Menschen sowohl in der heutigen
Kunst, in der Sozialwissenschaft wie auch der theoretischen
Physik vorstellen können, ihre Disziplin habe den Kontakt zur
Natur verloren. Die Physiker werden die endgültige Theorie
niemals durch reine mathematische Spielereien, ohne Bezug
zum Experiment, entdecken können. Ebensowenig werden die
Künstler jedes beliebige Artefakt produzieren können, ohne
den Anforderungen von Form, handwerklichem Geschick und
Schönheit gerecht zu werden.

Sicherlich gibt es in keinem vernünftigen Sinn eine wissenschaftliche Methode, die notwendigerweise zur Entdeckung
der Wahrheit führt. Und es ist auch wahr, daß, wie Einstein
sagte, unsere theoretischen Konzepte freie Erfindungen des
menschlichen Geistes sind. Trotzdem glaube ich, daß die Wissenschaft Wahrheiten über die Natur entdeckt hat und auch

weiterhin entdecken wird. Ich glaube nicht, daß irgendeine A-priori-Theorie der Wissenschaft dies erklären kann, solange diese nicht bestimmte Tatsachen über die Natur berücksichtigt, insbesondere auch die, daß wir ein Teil der Natur sind. Auch das ist ein Thema, das zu vertiefen ich mich nicht kompetent genug fühle. Ich denke jedoch, die Wissenschaft hat Erfolg, trotz – oder vielleicht gerade wegen – der Tatsache, daß unsere Ideen innerhalb einer kulturellen Umgebung entwickelt werden, so daß ein Zusammenlaufen der wissenschaftlichen Ideen mit den Ideen anderer Gebiete zu erwarten ist.

Der Grund, warum Wissenschaft ohne eine feste Methode oder feste Regeln funktioniert, liegt vielleicht darin, daß sie auf einer Ethik beruht, in der zwar jeder einzelne angehalten ist, das zu favorisieren, an das er wirklich glaubt, in der aber gleichzeitig kein einzelner willkürlich über die Richtigkeit oder auch nur über die Nützlichkeit oder Bedeutung seiner eigenen Ideen entscheiden kann. Die Erfahrung hat uns gelehrt, daß die Natur uns immer überlegen ist, egal, wie sicher oder wie clever wir uns auch manchmal fühlen mögen. Die Errungenschaften eines einzelnen können nur in dem Maße überleben, wie die Errungenschaften anderer darauf aufbauen.

Vielleicht liegt hierin der wichtigste Grund, warum die Wissenschaft für die Gesellschaft eine so große Bedeutung hat. Auf diese Weise ist sie ein Teil des jahrhundertealten Experiments zur Entdeckung der Bedeutung von Demokratie. In ihrer Idealform ist Wissenschaft eine Verflechtung an Übereinstimmung, die zwischen einzelnen herrscht, ohne Propaganda und ohne Zwang, eben so wie man sich eine demokratische Gesellschaft als eine Gemeinschaft von Individuen vorstellt, die ohne Zwang oder Gewalt zusammenleben. Wenn ich mir das Forschungszentrum anschaue, dem anzugehören ich das Glück habe, und fünfundzwanzig Individuen aus achtzehn verschiedenen Ländern sehe, die zusammen an einem gemeinsamen Ziel arbeiten, dann kann ich nur hoffen, daß dies eine Vision der zukünftigen menschlichen Gesellschaft ist. Die Idee, sich das Universum analog zu einer Gesellschaft vorzustellen, sollte daher, unabhängig, ob sie sich schließlich als nützlich erweisen wird oder nicht, irgendwann in der gemeinsamen Entwicklung der Projekte Wissenschaft und Demokratie auftauchen und ausprobiert werden.

George Steiner

Wir sind Gäste des Lebens

Wir alle sind Gäste des Lebens. Kein Mensch kennt den Sinn seiner Erschaffung, es sei denn im primitivsten biologischen Sinne. Kein Mann, keine Frau kennt den Zweck, sofern es einen gibt, die mögliche Bedeutung seiner/ihrer »Geworfenheit« in das Mysterium der Existenz. Warum ist da nicht nichts? Warum bin ich? Wir sind Gäste dieses kleinen Planeten, Gäste eines unendlich komplexen, vielleicht zufälligen Gewebes evolutionärer Prozesse und Mutationen, die an zahllosen Punkten anders verlaufen oder unsere Auslöschung hätten miterleben können. Wie sich herausgestellt hat, sind wir Vandalengäste, die andere Arten und Ressourcen verwüsten, ausbeuten und vernichten. Mit hoher Geschwindigkeit verwandeln wir diese unheimlich schöne, kompliziert ausbalancierte Umwelt und sogar den Weltraum in giftigen Müll. Es gibt Abfalleimer auf dem Mond. Bei all ihrer Inspiration ist die Umweltbewegung – zusammen mit einer wachsenden Wahrnehmung der Rechte von Kindern und Tieren gehört sie zu den wenigen lichten Kapiteln in unserem Jahrhundert – möglicherweise zu spät gekommen.

Doch selbst der Vandale ist ein Gast in einem Haus des Seins, das er nicht gebaut hat und dessen Plan, in allen Konnotationen dieses Begriffs, ihm unverständlich ist. Nun müssen wir lernen, auf dem, was von dieser narbigen, überfüllten Erde übrig ist, einer des anderen Gast zu sein. Unsere Kriege, unsere ethnischen Säuberungen, die Arsenale für Massaker, die selbst in den mittellosesten Staaten wohlgefüllt sind, sind territorialer Natur. Ideologien und die wechselseitigen Haßempfindungen, die sie hervorbringen, sind Territorien des Geistes. Von Anfang an haben sich Menschen gegenseitig für einen Streifen Land abgeschlachtet, unter verschieden gefärbten Stoffetzen, die sie als Banner in die Höhe hielten, über minimale Unterschiede in Sprache oder Dialekt. Hamlet ist verwundert über eine vorbeiziehende Armee. Warum marschiert sie in die blutige Schlacht? Um ein hohes oder nützliches Ziel zu erreichen? Ein Hauptmann antwortet:

> Um wahr zu reden und mit keinem Zusatz,
> Wir gehn, ein kleines Fleckchen zu gewinnen,
> Das keinen Vorteil als den Namen bringt.
> Für fünf Dukaten, fünf, möcht ich's nicht pachten.
> Auch bringt's dem Norweg oder Polen sicher
> Nicht mehr, wenn man auf Erbzins es verkauft.

Die Geschichte hat die endlose Anwendung von gegenseitigem Abscheu auf Motive gesehen, die häufig trivial und irrational waren. Auf einen Wahnsinnsfunken hin können Gemeinschaften wie auf dem Balkan oder überall in Afrika, nachdem sie jahrhunderte- oder jahrzehntelang gemeinsam gelebt haben, in Apartheid und Völkermord ausbrechen. Bäume haben Wurzeln, Männer und Frauen haben Beine. Um damit die Stacheldrahtidiotie von Grenzen zu überqueren, um damit die anderen Menschen als Gäste zu besuchen, unter ihnen zu wohnen. Es steckt eine fundamentale Bedeutung in den Legenden, wie sie in der Bibel, aber auch in der griechischen und in anderen

Mythologien häufig vorkommen, welche von dem Fremden an der Tür erzählen, von dem Besucher, der bei Sonnenuntergang nach Beendigung seiner Fahrt ans Tor klopft. In Fabeln ist dieses Anklopfen häufig das eines verkleideten Gottes oder göttlichen Boten, der unser Willkommen auf die Probe stellt. Ich möchte mir diese Besucher als die wahrhaft *menschlichen* Wesen denken, die zu werden wir versuchen müssen, wenn wir überhaupt überleben sollen.

Erich Fried

Zwischengedanken

Weil es
menschliche Beziehungen
gab
mußte es
Menschen geben

Nun gibt es
zwischenmenschliche
Beziehungen
Die lassen
auf das Dasein von Zwischenmenschen schließen

Es muß aber auch
Zwischenunmenschen geben
die dafür sorgen
daß die zwischenmenschlichen Beziehungen
so unmenschlich sind.

Umberto Eco

Große Kriege, kleine Frieden

Ende Dezember hat die Académie Universelle des Cultures in Paris darüber diskutiert, wie man sich heutzutage den Frieden »vorstellen« könnte. Nicht definieren oder erreichen, sondern vorstellen. Offenbar ist der Friede immer noch nicht nur ein fernes Ziel, sondern ein unbekanntes Objekt. Die Theologen haben den Frieden als *tranquillitas ordinis,* »Ruhe der Ordnung« definiert. Welcher Ordnung? Wir alle sind einem Ursprungsmythos erlegen: Am Anfang habe es eine paradiesische Lebenslage gegeben, dann sei diese Ruhe durch den ersten Gewaltakt verletzt worden. Dabei hatte uns Heraklit doch gewarnt: »Kampf ist das Gesetz der Welt, der Krieg ist Vater und Herr aller Dinge.« Am Anfang war der Krieg, der Mensch ist des Menschen Wolf, und die Evolution erfolgt durch einen Kampf ums Überleben.

Die großen Friedenszeiten, die wir in der Geschichte gekannt haben, wie die Pax Romana oder in unseren Tagen die Pax Americana (aber es gab auch eine sowjetische, eine osmanische, eine chinesische Pax), waren das Ergebnis einer Eroberung und eines ständigen militärischen Drucks, durch den eine gewisse Ordnung aufrechterhalten und die Konflikte im Zentrum vermindert wurden um den Preis vieler kleiner, aber sehr blutiger Kriege an den Rändern. Das mag schön für jene sein, die im Auge des Wirbelsturms sitzen, aber wer an den Rändern lebt, erfährt die Gewalt, die zur Aufrechterhaltung des Systemgleichgewichts nötig ist. Den »eigenen« Frieden erreichen wir immer nur um den Preis des von anderen erlittenen Krieges.

Man könnte daraus eine zynische, aber realistische Folgerung ziehen: Willst du den Frieden (für dich), so bereite den Krieg (gegen die anderen) vor. Nur ist der Krieg seit einigen Jahrzehnten derart komplex geworden, daß es ihm nicht mehr gelingt, schließlich mit einer wenn auch nur provisorischen Form von Frieden zu enden. Früher bestand das Ende des Krieges darin, daß der Feind auf seinem Territorium besiegt wurde, indem man ihn über die eigenen Schritte und Pläne im unklaren ließ, um ihn überraschen zu können, und indem man für eine starke Solidarität an der inneren Front sorgte. Nun aber, nach den Kriegen am Golf und im Kosovo, haben wir nicht nur gesehen, wie westliche Journalisten aus den bombardierten feindlichen Städten berichteten, sondern auch, wie Repräsentanten der gegnerischen Länder frei auf unseren Bildschirmen sprachen. Die Medien informierten den Feind über die Positionen und Bewegungen der »Unseren«, als wäre Mata Hari zur Direktorin des lokalen Fernsehens ernannt worden. Die Appelle des Feindes in unseren Wohnzimmern und die unerträgliche visuelle Evidenz der Verheerungen des Krieges führten zu dem Beschluß, daß die Feinde nicht mehr getötet werden durften (oder wenn doch, dann nachweislich nur aus Versehen), und ganz unaushaltbar erschien nun die Vorstellung, daß einer der Unseren sterben könnte. Kann man unter solchen Bedingungen einen Krieg führen?

Noch schlimmer wurde es nach dem 11. September. Der Feind ist im Hause, aber die Medien können ihn nicht mehr zeigen, da er sich verborgen hält. Jeder terroristische Akt wird von den Medien groß herausgebracht, womit sie das Spiel des Gegners spielen. Man macht sich auf, Saddam die Waffen zu nehmen, die ihm der Westen geliefert hat und vielleicht noch immer liefert, aber der wahre Feind braucht gar keine eigenen Waffen und Technologien mehr: Er benutzt diejenigen derer, die er zerstören will. Um London zu bombardieren, mußten die Deutschen sich ihre V-Waffen noch zu Hause fabrizieren, um zwei amerikanische Türme zu zerstören, wurden zwei amerikanische Flugzeuge benutzt.

Es verwischt sich die klare Trennung zwischen den Fronten, und mögen die Waffenfabrikanten auch für den Krieg sein, sind aufs entschiedenste gegen ihn die Fluggesellschaften, die Tourismusindustrie und das ganze globalisierte Handelsnetz.

So wird der Krieg in neuer Form auf der einen Seite permanent wegen der Ungreifbarkeit des Feindes und auf der anderen, weil jeder Kriegführende davor zurückscheut, ihn zu den äußersten Konsequenzen zu treiben. Viele multinationale Interessen sorgen dafür, daß er tendentiell endemisch wird, aber sich nie entscheidet. Schließlich, wenn früher ein ferner Krieg an den Rändern des Reiches den Frieden im Inneren garantierte, ist es heute gerade das Zentrum, wo der Feind am leichtesten zuschlägt (und wo er seine finanziellen Ressourcen in den Banken des Gegners deponiert hat). Krieg in der Ferne garantiert heute nicht mehr den Frieden zu Hause. In der Ära der Globalisierung wird der globale Frieden unmöglich.

Bleibt als einzige Möglichkeit, auf einen Frieden in Flecken nach Art eines Leopardenfells hinzuwirken, indem man jedesmal und überall, wo es geht, friedliche Situationen im riesigen Umkreis der Kriege schafft, die auch weiterhin einer nach dem anderen folgen. Ein lokaler Frieden stabilisiert sich, wenn bei Ermüdung der gegnerischen Parteien eine Verhandlungsagentur in einer bestimmten Zone der Welt sich als Vermittler anbietet und ein Ende der Kampfhandlungen erreicht. Eine fortgesetzte Reihe solcher »kleiner Frieden« kann, wie ein Aderlaß wirkend, auf lange Sicht die vom permanenten Krieg produzierten Spannungsbedingungen mindern. So könnte zum Beispiel ein kleiner Frieden, der heute in Jerusalem geschlossen würde, zum Abbau der Spannung im ganzen Epizentrum des globalen Krieges beitragen.

Der universale Frieden ist wie der Wunsch nach Unsterblichkeit, der sich so schwer erfüllen läßt, daß die Religionen das ewige Leben nicht vor, sondern erst nach dem Tod versprechen. Ein kleiner Frieden dagegen ist wie die Tat eines Arztes, der eine Verletzung heilt. Kein Unsterblichkeitsversprechen, aber wenigstens eine Art, den Tod hinauszuzögern.

Friedrich Nietzsche

Von der Herrschaft der Tugend

Wie man der Tugend zur Herrschaft verhilft.

Vorrede.

Dieser tractatus politicus ist nicht für Jedermanns Ohren: er handelt von der *Politik* der Tugend, von ihren Mitteln und Wegen zur *Macht.* Daß die Tugend zur Herrschaft strebt, wer möchte ihr das verbieten? Aber *wie* sie das thut –! man glaubt es nicht … Darum ist dieser tractatus nicht für Jedermanns Ohren. Wir haben ihn denen zum Nutzen bestimmt, denen daran gelegen ist, zu lernen, nicht wie man tugendhaft wird, sondern wie man tugendhaft *macht.* – Wie man die Tugend zur Herrschaft bringt. Ich will sogar beweisen, daß, um dies Eine zu wollen, die Herrschaft der Tugend, man grundsätzlich das Andere *nicht* wollen darf; eben damit verzichtet man darauf, tugendhaft zu werden. Dies Opfer ist groß: aber ein solches Ziel lohnt vielleicht Opfer. Und selbst noch größere! … Und einige von den großen Moralisten haben so viel risquirt. Von diesen nämlich wurde bereits die Wahrheit erkannt und vorweggenommen, welche mit diesem Traktat zum ersten Male gelehrt werden soll: daß man die *Herrschaft der Tugend* schlechterdings *nur durch dieselben Mittel erreichen kann,* mit denen man überhaupt irgend eine Herrschaft erreicht, jedenfalls nicht *durch* die Tugend …

Dieser Traktat handelt, wie gesagt, von der Politik in der Tugend: er setzt ein Ideal dieser Politik an, er beschreibt sie so, wie sie sein müßte, wenn etwas auf dieser Welt vollkommen sein könnte. Nun wird kein Philosoph darüber in Zweifel sein, was der Typus der Vollkommenheit in der Politik ist; nämlich der Machiavellismus. Aber der Machiavellismus, pur, sans mélange, cru, vert, dans toute sa force, dans toute son âpreté ist übermenschlich, göttlich, transscendent, er wird von Menschen nie erreicht, höchstens gestreift … Auch in dieser engeren Art von Politik, in der Politik der Tugend, scheint das Ideal nie erreicht worden zu sein. Auch Platon hat es nur gestreift. Man entdeckt, gesetzt daß man Augen für versteckte Dinge hat, selbst noch an den unbefangensten und bewußtesten *Moralisten* (und das ist ja der Name für solche Politiker der Moral, für jede Art Begründer neuer Moral-Gewalten), Spuren davon, daß auch sie der menschlichen Schwäche ihren Tribut gezollt haben. *Sie alle aspirirten,* zum Mindesten in ihrer Ermüdung, auch für sich selbst *zur Tugend:* erster und capitaler Fehler eines Moralisten, – als welcher *Immoralist der That* zu sein hat. Daß er gerade das *nicht scheinen darf,* ist eine andere Sache. Oder vielmehr ist es *nicht* eine andere Sache: es gehört eine solche grundsätzliche Selbstverleugnung (moralisch ausgedrückt Verstellung) mit hinein in den Kanon des Moralisten und seiner eigensten Pflichtenlehre: ohne sie wird er niemals zu seiner Art Vollkommenheit gelangen. Freiheit von der Moral, *auch von der Wahrheit,* um jenes Zieles willen, das jedes Opfer aufwiegt: *Herrschaft der Moral* – so lautet jener Kanon. Die Moralisten haben die *Attitüde der Tugend* nöthig, auch die Attitüde der Wahrheit; ihr Fehler beginnt erst, wo sie der Tugend *nachgeben,* wo sie die Herrschaft über die Tugend verlieren, wo sie selbst *moralisch* werden, *wahr* werden. Ein großer Moralist ist, unter anderem, nothwendig auch ein großer Schauspieler; seine Gefahr ist, daß seine Verstellung unversehens Natur wird, wie es sein Ideal ist, sein esse und sein operari auf eine göttliche Weise auseinander zu halten; Alles, was er thut, muß er sub specie boni thun, – sein hohes, fernes, anspruchsvolles Ideal! Ein *göttliches* Ideal! ... Und in der That geht die Rede, daß der Moralist damit kein geringeres Vorbild nachahmt als Gott selbst: Gott, diesen größten Immoralisten der That, den es giebt, der aber nichtsdestoweniger zu bleiben versteht, *was er ist, der gute Gott ...*

Platon

Über das Gute

Der längere Weg

SOKRATES: Du erinnerst dich wohl, daß wir drei Seelenvermögen voneinander sonderten und daraus unsere Folgerungen machten zur Bestimmung des eigentlichen Wesens der Gerechtigkeit, Besonnenheit, Tapferkeit und Weisheit.

ADEIMANTOS: Wollte ich mich dessen nicht erinnern, so wäre ich nicht wert, das Weitere noch mit anzuhören.

SOKRATES: Und auch an die dieser Erörterung vorausgeschickte Bemerkung erinnerst du dich wohl?

ADEIMANTOS: Welche denn?

SOKRATES: Wir sagten doch, daß, um die Sache in der denkbar größten Schärfe zu erkennen, es einen anderen längeren und umständlicheren Weg gebe, mit dessen Zurücklegung man die volle Klarheit erreicht haben werde, doch sei es möglich, sich mit Nachweisungen zu behelfen, die zu den vorhergehenden Erörterungen in angemessenem Verhältnis stünden. Und ihr erklärtet euch für befriedigt, und so begnügten wir uns denn mit der damaligen Erörterung, die meiner Ansicht nach allerdings die eigentliche Schärfe vermissen ließ; doch wenn sie euch genügt, so sprecht das auch aus.

ADEIMANTOS: Meines Erachtens war sie angemessen; offenbar aber auch nach dem Urteil der anderen.

SOKRATES: Aber, mein Freund, ein Maß solcher Dinge, das auch nur im geringsten hinter der Wahrheit zurückbleibt, kann unter keiner Bedingung »angemessen« sein; denn ein unvollständiges Maß für etwas ist überhaupt kein Maß dafür. Freilich gibt es mitunter Leute, die sich damit zufriedengeben und eine nähere Untersuchung nicht für nötig halten.

ADEIMANTOS: Ja, die Zahl derer ist recht groß, die ihrer Bequemlichkeit zuliebe so denken.

SOKRATES: Eine solche Denkart aber können wir durchaus nicht brauchen für einen Behüter des Staates und der Gesetze.

ADEIMANTOS: Sehr begreiflich.

SOKRATES: Ein solcher muß also den längeren und umständlicheren Weg einschlagen und sich ebenso große Anstrengungen im Lernen zumuten wie in den Leibesübungen; wo nicht, so wird er, wie eben gesagt, niemals den Gipfel der höchsten und unerläßlichsten Wissenschaft erreichen.

ADEIMANTOS: Sind denn nicht ebendiese von uns erörterten Dinge die höchsten, oder sollte es noch etwas Höheres geben als die Gerechtigkeit und die weiteren Tugenden?

Die Idee des Guten als höchster Gegenstand des Wissens

SOKRATES: Ja, es gibt noch etwas Höheres, und eben auch für sie [die Tugenden] darf man sich in der Betrachtung nicht auf einen bloßen Umriß beschränken, wie es eben geschah, sondern man darf es nicht unterlassen, ihre Erörterung bis zur höchsten Vollendung fortzuführen. Oder ist es nicht lächerlich, in anderen, ganz unbedeutenden Dingen sich keine Mühe verdrießen zu lassen, um es dahin zu bringen, daß sie sich in vollster Genauigkeit und Reinheit darstellen, dagegen bei den höchsten Dingen nicht auch die höchste Genauigkeit zu fordern?

ADEIMANTOS: Gewiß. Aber was du unter höchster Wissenschaft und unter dem Gegenstand derselben verstehst – glaubst du etwa, daß irgendeiner dir die Beantwortung der Frage erlassen wird, wie es damit stehe?

SOKRATES: Durchaus nicht; aber du magst selbst der sein, der fragt. Denn jedenfalls hast du es oft genug gehört, denkst aber jetzt nicht daran oder hast abermals die Absicht, mich mit lästigen Zwischenbemerkungen zu behelligen. Und zwar glaube ich eher das letztere; denn daß die Idee des Guten den höchsten Gegenstand des Wissens darstellt, hast du oft gehört, sie, die durch ihre Mitwirkung gerechte Handlungen sowie die anderen Handlungen dieser Art überhaupt erst heilsam und nützlich macht. Auch jetzt weißt du wohl recht gut, daß ich diese meine, und überdies, daß wir sie nicht in voller Genauigkeit kennen. Wenn wir sie aber nicht voll kennen, so weißt du doch, daß, mögen wir auch noch so genau alles andere ohne sie kennen, uns dies keinen Nutzen bringt, wie auch kein Besitz uns nützt ohne das Gute. Oder glaubst du, es sei ein Gewinn, alles mögliche zu besitzen, nur das Gute nicht? Oder alles andere, nämlich alles Nichtgute, zu verstehen, das Schöne aber und Gute nicht zu verstehen?

ADEIMANTOS: Beim Zeus, ich gewiß nicht.

Das Gute ist weder Lust noch Einsicht

SOKRATES: Aber auch das weißt du, daß die meisten die Lust für das Gute halten, die feineren Köpfe dagegen die Einsicht.

ADEIMANTOS: Gewiß.

SOKRATES: Und daß, mein Freund, diejenigen, die dies letztere glauben, sich nicht darüber ausweisen können, was das für eine Einsicht sei, sondern sich genötigt sehen, schließlich zu sagen, es sei die Einsicht in das Gute.

ADEIMANTOS: Ja, lächerlich genug.

SOKRATES: Und wie sollte es das nicht sein, wenn sie erst es unverzeihlich finden, daß wir das Gute nicht wissen, und dann wieder zu uns sprechen, als wüßten wir es? Denn sie erklären die Einsicht für Einsicht in das Gute, als ob wir schon verstünden, was sie meinen, wenn sie das Wort »gut« ausgesprochen haben.

ADEIMANTOS: Sehr wahr.

SOKRATES: Und um diejenigen, die die Lust für das Gute ausgeben – ist bei ihnen des Irrtums Fülle etwa geringer als bei jenen? Oder sehen sich nicht auch diese genötigt einzuräumen, daß es *schlechte* Lüste gibt?

ADEIMANTOS: Sicherlich.

SOKRATES: Folglich müssen sie auch einräumen, daß Gutes und Schlechtes dasselbe sei. Nicht wahr?

ADEIMANTOS: Gewiß.

SOKRATES: Ist es also nicht klar, daß es sich dabei um eine viel und stark umstrittene Sache handelt?

ADEIMANTOS: Unzweifelhaft.

SOKRATES: Und weiter: Ist es nicht klar, daß, wo es sich um Gerechtes und Schönes handelt, viele sich mit dem bloßen Schein begnügen und es, auch wenn keine Wahrheit dahinter steht, doch tun und besitzen und sich an den Schein halten, während sich beim Guten niemand damit zufriedengibt, bloß das Scheinbare zu besitzen, sondern jeder dem wirklich Vorhandenen nachstrebt und den bloßen Schein hier mit Verachtung von sich weist?

ADEIMANTOS: Gewiß.

Jede Seele strebt nach dem wirklich Guten

SOKRATES: Eine jede Seele also strebt dem Guten nach und läßt um seinetwillen nichts ungetan in der Ahnung, daß ihm doch ein Sein zukomme, dabei aber doch schwankend und unvermögend, es in seiner wahren Bedeutung befriedigend zu erfassen und zu einer festen Überzeugung darüber zu gelangen wie bei anderen Dingen, was denn auch der Grund ist, daß sie auch das übrige verfehlt, wo etwa ein Nutzen zu erwarten stand – und über eine so wichtige und so umfassende Sache sollen auch jene Besten im Staat so im dunkeln tappen, sie, denen wir die gesamte Leitung in die Hände legen wollen?

ADEIMANTOS: Nun und nimmermehr.

Aristoteles

Tugend als Mitte

Jetzt haben wir zu untersuchen, was die Tugend ist. Wenn es in der Seele drei Dinge gibt, die Leidenschaften, Fähigkeiten und Eigenschaften, so wird die Tugend wohl eins von diesen dreien sein. Unter Leidenschaften verstehe ich Begierde, Zorn, Angst, Mut, Neid, Freude, Liebe, Haß, Sehnsucht, Mißgunst, Mitleid und allgemein alles, bei dem Lust und Schmerz dabei sind.

Fähigkeiten sind jene, durch die wir zu solchen Leidenschaften bereit sind, wie etwa, daß wir fähig sind, Zorn, Schmerz oder Mitleid zu empfinden. Die Eigenschaften endlich sind es, durch die wir uns zu den Leidenschaften richtig oder falsch verhalten. Wenn wir zum Zorn rasch und hemmungslos geneigt sind, so verhalten wir uns schlecht, wenn aber mäßig, dann richtig, und so auch bei dem anderen.

Weder Tugend noch Schlechtigkeit sind nun Leidenschaften. Wir gelten ja nicht auf Grund der Leidenschaften als gut oder gemein, sondern auf Grund von Tugend und Schlechtigkeit. Weiterhin werden wir nicht wegen der Leidenschaften gelobt oder getadelt (denn man lobt nicht den Ängstlichen oder den Zürnenden, und man tadelt nicht den Zürnenden überhaupt, sondern den in gewisser Weise Zürnenden), sondern beides nur wegen der Tugend oder Schlechtigkeit. Ferner zürnen wir und fürchten uns ohne Willensentscheidung, die Tugenden dagegen sind Entscheidungen oder doch nicht ohne Entscheidung. Außerdem sagen wir, daß wir durch die Leidenschaften in Bewegung versetzt werden, bei den Tugenden und Schlechtigkeiten reden wir aber nicht von Bewegung, sondern von einer bestimmten Verfassung.

Darum sind sie auch nicht Fähigkeiten. Denn wir heißen weder gut noch schlecht, weil wir zu irgendwelchen Leidenschaften fähig sind, und empfangen auch nicht deswegen Lob oder Tadel. Ferner sind wir zu etwas fähig von Natur, edel oder gemein dagegen werden wir nicht von Natur. Davon haben wir vorhin gesprochen. Wenn also die Tugenden weder Leidenschaften noch Fähigkeiten sind, so bleibt nur, daß sie Eigenschaften sind.

Was nun die Tugend gattungsmäßig ist, haben wir gesagt. Man muß aber nicht nur feststellen, daß sie eine Eigenschaft ist, sondern auch, was für eine. Es sei also gesagt, daß jede Tüchtigkeit dasjenige, wovon sie die Tüchtigkeit ist, zu guter Verfassung bringt und seine Leistung gut macht: so macht die Tüchtigkeit des Auges das Auge vollkommen und ebenso dessen Leistung. Denn durch die Tüchtigkeit des Auges sehen wir gut. Ebenso macht die Tüchtigkeit des Pferdes das Pferd brauchbar und gut zum Laufen, den Reiter zu tragen und den Feinden standzuhalten. Wenn sich dies bei allen Dingen ebenso verhält, so wäre die Tüchtigkeit des Menschen diejenige Eigenschaft, durch die einer ein tüchtiger Mensch wird und seine Leistung gut vollbringt.

Wie das zustande kommt, haben wir schon gesagt. Es wird aber auch durch folgendes klar, wenn wir betrachten, welches die Natur der Tugend ist. In jedem teilbaren Kontinuum gibt es ein Mehr, ein Weniger und ein Gleiches, und dies sowohl an und für sich wie auch im Bezug auf uns. Das Gleiche ist eine Art Mitte zwischen Übermaß und Mangel. Ich nenne die Mitte einer Sache dasjenige, was denselben Abstand von beiden Enden hat; dieses ist für alle Menschen eines und dasselbe. Die Mitte im Bezug auf uns ist das, was weder Übermaß noch Mangel aufweist; dieses ist nicht eines und nicht für alle Menschen dasselbe. So ist etwa 10 viel und 2 wenig, und so wird der Sache nach 6 als die Mitte genommen; denn der Abstand zwischen beiden Enden ist derselbe. Dies ist die Mitte in der zahlenmäßigen Bedeutung. Die Mitte im Bezug auf uns darf man aber nicht so nehmen. Denn wenn für jemanden eine Nahrung für zehn Minen viel ist und für zwei Minen wenig, so wird doch nicht der Turnlehrer nun einfach Nahrung für sechs Minen vorschreiben. Denn das kann für den Betreffenden immer noch viel oder wenig sein. Für einen Milon wird es wenig sein, für den, der erst zu turnen beginnt, ist es viel. Dasselbe gilt für Laufen oder Ringen. So wird also jeder Fachmann Übermaß und Mangel meiden und die Mitte suchen und wählen, die Mitte aber nicht der Sache nach, sondern im Bezug auf uns.

Wenn nun jede Wissenschaft ihre Leistung auf diese Weise gut zu Ende bringt, indem sie auf die Mitte sieht und die Leistungen darauf hinführt (darum pflegt man auch von den wohlgeglückten Leistungen zu sagen, daß man nichts wegnehmen oder zusetzen kann, da nämlich Übermaß und Mangel das Geglückte zerstören, das Mittelmaß es dagegen bewahrt), wenn also die guten Künstler, wie wir behaupten, im Hinblick darauf arbeiten, die Tugend aber ebenso wie die Natur noch viel genauer und besser ist als jede Kunst, so wird die Tugend wohl auf die Mitte zielen.

Ich meine dabei die ethische Tugend. Denn sie befaßt sich mit den Leidenschaften und Handlungen, und an diesen befinden sich Übermaß, Mangel und Mitte. So kann man mehr oder weniger Angst empfinden oder Mut, Begierde, Zorn, Mitleid und überhaupt Freude und Schmerz, und beides auf eine unrichtige Art; dagegen es zu tun, wann man soll und wobei man es soll und wem gegenüber und wozu und wie, das ist die Mitte und das Beste, und dies kennzeichnet die Tugend. Ebenso gibt es auch bei den Handlungen Übermaß, Mangel und Mitte. Die Tugend wiederum betrifft die Leidenschaften und Handlungen, bei welchen das Übermaß ein Fehler ist und der Mangel tadelnswert, die Mitte aber das Richtige trifft und gelobt wird. Und diese beiden Dinge kennzeichnen die Tugend. So ist also die Tugend ein Mittelmaß, sofern sie auf die Mitte zielt.

Ferner kann man sich auf vielfache Weise verfehlen; denn das Schlechte ist dem Unbegrenzten zugeordnet, wie die Pythagoreer vermuteten, und das Gute dem Begrenzten; richtig handeln kann man nur auf eine Art. Darum ist jenes leicht und dieses schwer. Leicht ist es, das Ziel zu verfehlen, schwierig aber, es zu treffen. Auch aus diesem Grunde also gehören zur Schlechtigkeit das Übermaß und der Mangel, zur Tugend aber die Mitte: »Die Edlen sind es auf einfache Art, die Schlechten aber auf alle Arten.«

Voltaire

Tugend

Was ist Tugend? Wohltat gegen den Nächsten. Kann ich etwas anderes Tugend nennen, als was nur wohltut? Ich bin arm, du schenkst; ich bin in Gefahr, du hilfst; ich werde betrogen, du sagst mir die Wahrheit; man läßt mich allein, du spendest mir Trost; ich bin unwissend, du bildest mich: ich nenne dich ohne weiteres tugendhaft. Aber wo bleiben die Kardinaltugenden und die theologischen Tugenden dazu? Mitunter in der Schule.

Was soll es mir, daß du enthaltsam bist? Du befolgst eine Regel der Gesundheit, befindest dich darum besser, und ich mache dir mein Kompliment. Du hast Glauben und Hoffnung, ich beglückwünsche dich noch mehr: beides wird dir gewiß das ewige Heil verschaffen. Deine theologischen Tugenden sind Himmelsgaben, deine Kardinaltugenden sind vorzügliche Eigenschaften und deiner Lebensführung dienlich; aber Tugenden gegenüber deinem Nächsten sind sie keinesfalls. Der Kluge tut sich selber Gutes, der Tugendhafte tut es an den Menschen. Der heilige Paulus sagt zu Recht, daß die Barmherzigkeit mehr bedeutet als Glaube und Hoffnung.

Wie denn? Sollen nur jene Tugenden zählen, welche dem Nächsten nützlich sind? Nun, wie könnte ich andere gelten lassen? Wir leben in Gesellschaft; also gibt es nichts wahrhaft Gutes für uns, als was der Gesellschaft nützt. Ein Einsiedler mag genügsam und gottesfürchtig sein und ein Büßerhemd tragen: nun gut, er ist heilig; aber tugendhaft werde ich ihn nur dort nennen, wo seine Tugend ihn tätig und für andere Menschen nützlich werden läßt. Solange er allein ist, tut er weder Gutes noch Böses; er bedeutet für uns nichts. Wenn der heilige Bruno die Familien versöhnte, wenn er den Bedürftigen half, so war er tugendhaft; wenn er fastete und in der Einsamkeit betete, war er ein Heiliger. Menschliche Tugend ist der Austausch von Wohltaten, und wer kein Teil daran hat, soll nicht gezählt werden. Wäre dieser Heilige unter den Menschen, so würde er dort gewiß Gutes tun; allein solange er nicht da ist, tun die Menschen recht, ihm den Namen des Tugendhaften zu verweigern: er ist gut gegen sich und nicht gegen uns.

Aber, so redet ihr mir zu, wenn ein Einsiedler gefräßig und trunksüchtig ist und vor sich selber heimlicher Ausschweifung hingegeben, so ist er lasterhaft: demnach ist er tugendhaft, wenn er die gegensätzlichen Eigenschaften hat. Dem kann ich nicht zustimmen: er ist wohl ein liederlicher Strolch, wenn er die Mängel hat, von denen ihr sprecht; doch ist er weder lasterhaft noch bösartig oder sträflich gegen die Gesellschaft, welcher seine Schandtaten nicht weh tun. Man darf vermuten, daß er der Gesellschaft weh tun wird, sofern er dorthin zurückkehrt, und daß er sehr lasterhaft sein wird; wahrscheinlich sogar wird dieser Mensch eher bösartig sein als jener andere Einsiedler rechtschaffen, der enthaltsam und keusch war. Denn in der Gesellschaft nehmen die Mängel zu, und die guten Eigenschaften vermindern sich.

Man wendet mir heftiger ein, auch Nero, der Papst Alexander VI. und dergleichen Ungeheuer mehr hätten Wohltaten ausgestreut. Ich antworte kühn, daß sie an jenem Tage tugendhaft waren.

Ein paar Theologen sagen, der göttliche Kaiser Antonin sei nicht tugendhaft gewesen, sondern ein starrköpfiger Stoiker, der nicht zufrieden war, den Menschen zu befehlen, sondern ihre Achtung dazu wollte; er habe alles, was er der Menschheit Gutes tat, auf sich selber bezogen; nur aus Eitelkeit sei er sein Leben lang gerecht, arbeitsam und wohltätig gewesen und habe solchermaßen die Menschen nur getäuscht. Da rufe ich: »Mein Gott, gib uns oft solche Spitzbuben!«

Epikur

Über das Lebensziel

Dafür, daß die Lust das Lebensziel ist, liegt der Beweis darin, daß die Lebewesen von Geburt an daran Gefallen finden, dagegen dem Schmerze naturgemäß und ohne Überlegung sich widersetzen. Auf Grund unserer eigenen Erfahrung also fliehen wir den Schmerz, wie denn selbst Herakles, während er von dem Gewande zerfressen wird, »laut schreit vor Schmerz, daß rings die Felsen hallen, der Lokrer Berge und Euboias Höhen«.

Ich weiß nicht, was ich mir als das Gute vorstellen soll, wenn ich die Lust des Geschmackes, die Lust der Liebe, die Lust des Ohres beiseite lasse, ferner die angenehmen Bewegungen, die durch den Anblick einer Gestalt erzeugt werden, und was sonst noch für Lustempfindungen im gesamten Menschen durch irgendein Sinnesorgan entstehen. So kann man auch nicht sagen, daß ausschließlich die Freude des Geistes das Gute ausmache. Denn die Freude des Geistes erkenne ich in der Hoffnung auf alle jene Dinge, die ich eben genannt habe, und darauf, daß die Natur, wenn sie sie besitzt, von Schmerz frei sein wird.

Ich habe oftmals jene, die man weise zu nennen pflegte, gefragt, was ihnen an Gutem übrig bliebe, wenn sie jenes beiseite ließen, was ich erwähnt habe, und wenn sie sich nicht mit leeren Redensarten begnügen wollten. Ich habe nichts von ihnen erfahren können. Mögen sie auch mit Tugend und Erkenntnis großtun, sie werden doch keinen andern Weg nennen können als jenen, durch den jene Lustempfindungen erzeugt werden, die ich oben angeführt habe.

Für Menschen, die zu überlegen fähig sind, enthält der wohlgefestigte Zustand des Fleisches und die zuverlässige Hoffnung im Bezug auf ihn die höchste und sicherste Freude.

Man muß das Edle, die Tugenden und dergleichen Dinge schätzen, wenn sie Lust verschaffen; tun sie dies nicht, dann soll man sie fahren lassen.

Epiktet

Über die Aufmerksamkeit

Wenn du in deiner Aufmerksamkeit nur ein Weilchen nachläßt, dann – das bilde dir nicht ein – kannst du sie nicht mehr nach Belieben wieder aufnehmen. Es muß dir vielmehr klar sein, daß sich deine Lage aufgrund des heute gemachten Fehlers auch in anderer Beziehung zwangsläufig verschlechtert hat. Denn zuerst entsteht die schlimmste aller Gewohnheiten, nicht aufmerksam zu sein und die Aufmerksamkeit erst später wieder aufnehmen zu wollen. So gewöhnst du dich daran, das Glück, die Anständigkeit, das naturgemäße Verhalten und ein entsprechendes Leben von einer Gelegenheit zur anderen zu verschieben. Wenn dieses Aufschieben nützlich wäre, dann wäre es noch nützlicher, auf die Aufmerksamkeit ganz zu verzichten. Wenn Aufschieben aber nichts nützt, warum achtest du dann nicht auf dauernde Aufmerksamkeit? »Heute will ich spielen.« Was hindert dich daran, wenn du zugleich aufmerksam bist? »Ich will singen.« Warum nicht, wenn du zugleich aufmerksam bist? Denn es gibt doch wohl keine Tätigkeit im Leben, die nicht auf Aufmerksamkeit angewiesen wäre. Wirst du diese etwa schlechter ausüben, wenn du aufmerksam, oder besser, wenn du unaufmerksam bist? Und was wird sonst im Leben von den Unaufmerksamen besser gemacht? Baut etwa der unaufmerksame Baumeister mit größerer Genauigkeit? Steuert etwa der unaufmerksame Steuermann sicherer? Oder wird eine andere unbedeutendere Arbeit aufgrund von Unaufmerksamkeit besser ausgeführt? Merkst du nicht, daß es dir nicht mehr möglich ist, wenn du deinen Verstand einmal nicht gebrauchst, ihn nachher wieder in Gang zu setzen, um anständig, zurückhaltend und maßvoll zu sein? Du tust vielmehr alles, was dir gerade einfällt; du folgst deinen Neigungen und Regungen.

Worauf muß ich denn besonders achtgeben? Vor allem auf die allgemeinen Grundsätze (des sittlichen Lebens). Du mußt sie stets gegenwärtig haben und darfst ohne sie nicht schlafen, aufstehen, trinken, essen und mit Menschen zusammen sein. Außerdem mußt du im Auge behalten, daß niemand auf die moralische Entscheidung eines anderen Einfluß hat und daß in ihr allein das Gute und das Böse begründet liegen. Folglich hat auch niemand die Macht, mir etwas Gutes oder Böses zu tun, sondern ich allein habe in dieser Hinsicht die Macht über mich selbst. Wenn ich also in diesem Bereich sicher bin, was brauche ich mich da wegen der Vorgänge draußen beunruhigen zu lassen? Welcher Tyrann kann mir Angst machen, welche Krankheit, welche Armut, welche Unannehmlichkeit? »Aber ich habe Herrn Soundso nicht gefallen.« Was jener tut und läßt, ist doch wohl nicht meine Sache und unterliegt auch nicht meinem Urteil? Nein. Was interessiert es mich also noch? »Aber er scheint doch jemand zu sein.« Er selbst und diejenigen, die etwas von ihm halten, werden es so sehen; ich aber weiß, wem ich gefallen, wem ich mich füge, wem ich gehorchen muß: Gott und danach mir. Mich hat er mir selbst anvertraut und meine moralische Entscheidung mir allein unterstellt und mir dazu Maßstäbe zum richtigen Gebrauch der moralischen Entscheidung gegeben. Wenn ich diesen Maßstäben gerecht werde, kümmere ich mich bei logischen Schlüssen um keinen von denen, die etwas anderes behaupten; bei hypothetischen Urteilen verschwende ich keinen Gedanken an jemand anders. Warum ärgere ich mich bei den viel wichtigeren Fragen über die Leute, die mich tadeln? Was ist die Ursache für diese Beunruhigung? Keine andere als die, daß ich auf diesem Gebiet ohne Übung bin. Verachtet doch jede Wissenschaft die Unwissenheit und die Unwissenden, und nicht nur die Wissenschaften, sondern auch die Künste tun das. Nimm einen beliebigen Schuhmacher: Er lacht über die Menge, wenn es um seine Arbeit geht. Dasselbe tut auch jeder Zimmermann.

Zuerst also muß man diese (allgemeinen Grundsätze des sittlichen Lebens) gegenwärtig haben und nichts ohne sie tun, sondern seine Seele auf dieses Ziel hin ausrichten. Man darf keinem von den äußeren Dingen und von denen, die uns nicht gehören, nachjagen; aber – wie es der angeordnet hat, der die Macht hat – den Dingen, die im Bereich unserer moralischen Entscheidung liegen, müssen wir unsere gesamte Aufmerksamkeit widmen, und den übrigen Dingen, wie es sich gerade ergibt. Und außerdem müssen wir daran denken, wer wir sind und was unsere Bestimmung ist, und versuchen, die Erfüllung unserer Pflichten nach den Möglichkeiten unserer sozialen Beziehungen auszurichten. Wir müssen daran denken, was der günstigste Zeitpunkt zum Singen oder Spielen ist und welche Leute dabei sein sollen, ferner welche Folgen unser Handeln hat, damit uns die Anwesenden nicht verachten und wir sie ebensowenig, wann es angebracht ist, zu spotten, wen man auslachen darf und zu welchem Zweck und mit wem wir in gesellschaftlichen Kontakt treten und schließlich wie man dabei seine eigene Persönlichkeit bewahren kann. Wo du aber von einem dieser Grundsätze abweichst, folgt die Strafe auf dem Fuße, nicht von außen irgendwoher, sondern sie erwächst aus der Handlung selbst.

Was bedeutet das? Ist es möglich, von vornherein ohne Fehler zu sein? Ausgeschlossen; aber es ist möglich, unablässig danach zu streben, Fehler zu vermeiden. Denn wir müssen schon zufrieden sein, wenn wir, indem wir niemals in unserer Aufmerksamkeit nachlassen, wenigstens einige Fehler vermeiden. Wenn du jetzt aber sagst: »Morgen werde ich aufmerksam sein«, dann sei dir darüber im klaren, daß du damit sagst: »Heute werde ich schamlos, taktlos und niederträchtig sein; von anderen wird es abhängen, mich zu kränken; heute werde ich in Zorn geraten und neidisch sein.« Sieh dir das Übel an, das du dir selbst zuziehst. Doch wenn es dir morgen gefällt (aufmerksam zu sein), wieviel besser wäre es schon heute? Wenn es dir morgen nützlich ist, dann ist es das heute noch viel mehr, damit du auch morgen die Kraft dazu hast und es nicht wieder auf übermorgen verschiebst.

Erich Fried

Gutsein ist gut

Für eine gute Sache sein
ist eine gute Sache
Für eine gute Sache sein ist Gutsein
aber fragen ob die Sache auch wirklich gut ist
und für wen sie eigentlich gut ist
das ist nicht gut

Denn es könnte sich zeigen
daß die Sache gar nicht so gut ist
und wenn ich für keine gute Sache
mehr sein kann
wie kann ich gutsein?

Drum darf ich einfach
zu keinem mehr gut sein der
mich anstiften will
meine gute Sache in Frage zu stellen

denn es ist gut für mich
endlich zu wissen
daß es gut ist zu wissen
daß jede Frage die
die gute Sache in Frage stellt
falsch gestellt ist

Gautama Buddha

Liebende Güte

Von allen Übungswegen hat nicht einer nur den sechzehnten Teil an Kraft, den das Verweilen in liebender Güte
besitzt. Liebende Güte ist Freiheit des Herzens, die alle
Übungswege einschließt. Sie leuchtet weithin in strahlender
Klarheit.

So wie das Licht der Sterne nicht den sechzehnten Teil der
Helligkeit des Mondes ausmacht, deren Licht er mit seinem
hellen Schein überstrahlt, so überstrahlt auch der Glanz liebender Güte alle anderen Übungswege.

So wie am Ende der Regenzeit die Sonne am klaren, wolken-
losen Himmel aufsteigt und mit ihrem strahlenden Licht die
Dunkelheit vertreibt, so wie am Ende der finsteren Nacht der
Morgenstern triumphierend erstrahlt, so besitzt keiner der geistigen Übungswege nur den sechzehnten Teil der Kraft, den

liebende Güte besitzt. Sie vereinigt alle anderen Wege in sich und überstrahlt sie mit ihrem Glanz.

Itivuttaka-Sutta

Karl Jaspers

Liebe

Liebe ist die unbegreiflichste, weil grundloseste und selbstverständlichste Wirklichkeit des absoluten Bewußtseins. Hier ist der Ursprung für allen Gehalt, hier allein die Erfüllung allen Suchens. [...]

Die tiefe Zufriedenheit des Seins im Dasein ist nur als die Gegenwart der Liebe, der Schmerz des Daseins, daß ich hassen muß, die Leere des Nichtseins, daß ich in schaler Gleichgültigkeit weder liebe noch hasse. Aufstieg ist in der Liebe, Abfall im Haß und in der Lieblosigkeit.

Der Liebende ist nicht hinaus über das Sinnliche in einem Jenseitigen, sondern seine Liebe ist die fraglose Gegenwart der Transzendenz in der Immanenz, das Wunderbare hier und jetzt; er meint das Übersinnliche zu schauen. Nirgends hat Existenz die Gewißheit ihres transzendent gegründeten Seins als nur in der Liebe; kein Akt wahrhafter Liebe kann verloren sein.

Die Liebe ist *unendlich;* sie weiß nicht gegenständlich, was und warum sie liebt, noch kann sie in sich selbst auf einen *Grund* stoßen. Aus ihr begründet sich, was wesentlich ist; sie begründet sich selbst nicht mehr.

Die Liebe ist *hellsichtig.* Vor ihr will offenbar sein, was ist. Sie verschließt nicht, sondern sie kann unerbittlich wissen wollen; denn sie erträgt den Schmerz des Negativen als Moment ihres Wesens. Sie häuft nicht blind alles Gute, und sie schafft sich nicht zur Erbauung matte Vollendung. Aber wer liebt, sieht das Sein des Anderen, das er als Sein aus dem Ursprung grundlos und unbedingt bejaht: er will, daß es sei.

In der Liebe ist *Aufschwung* und *gegenwärtige Befriedigung*, Bewegung und Ruhe, Besserwerden und Gutsein. Das enthusiastische Streben, das nie am Ziele scheint, ist selbst die Gegenwart, die in dieser Gestalt als Erscheinung in der Zeit immer am Ziele ist.

Liebe, als erfüllte Gegenwart nur *Gipfel* und *Augenblick*, ist wie umgeben von einem Heimweh. Nur die vollendet gegenwärtige Liebe verliert es.

Liebe ist *Wiederholung* als Treue. Aber die jeweils objektive sinnliche Gegenwart und ich selbst, wie ich war, sind unwiederholbar. Wiederholung ist der in jeweils gegenwärtig mögliche Gestalt sich kleidende, ewig eine Ursprung der Liebe.

Liebe ist *Selbstwerden* und *Selbsthingabe*. Wo ich mich wahrhaft ganz, ohne Rückhalt, gebe, finde ich mich selbst. Wo ich mich auf mich selber wende und Reserven festhalte, werde ich lieblos und verliere mich.

Die Liebe hat ihre Tiefe in dem Verhältnis von Existenz zu Existenz. Dann wird ihr alles Dasein wie *persönlich*. Dem liebenden Schauen der Natur werden offenbar die Seele der Landschaft, die Geister der Elemente, der Genius jeden Ortes.

In der Liebe ist *Einmaligkeit*. Nicht Allgemeines liebe ich, sondern unvertretbar gegenwärtig Gewordenes. Alles Liebende und Geliebte ist jeweilig gebunden und nur als solche Einzigkeit unverlierbar.

In der Liebe ist das absolute *Vertrauen*. Die erfüllte Gegenwart kann nicht täuschen. Liebendes Vertrauen beruht nicht auf Berechnung und Sicherheiten. Daß ich liebe, ist wie ein Geschenk und doch mein Wesen. Ich habe in ihr die Gewißheit, die sich nicht täuschen kann, und werde im Ursprung meines Wesens schuldig, wenn ich verwechsle. Die Hellsichtigkeit wahrer Liebe kann nicht verwechseln. Trotzdem ist mir das Nichttäuschen wie ein Wunder, für das ich mir kein Verdienst gebe. Nur durch Wahrhaftigkeit und durch mein redliches Alltagstun kann ich die Möglichkeit bereiten, daß mich im rechten Augenblick die Liebe ergreife, vor der dann diese Voraussetzungen wie nichts sind.

Liebe ist in der kämpfenden Kommunikation, aber gleitet ab zur kampflosen Gemeinschaft des Besitzes oder zu lieblosem Zank. Sie ist im verehrenden Aufblick, aber gleitet ab zur Abhängigkeit im Kult von Autoritäten. Sie ist in helfender Karitas, aber gleitet ab zum Selbstgenuß wahllosen Mitleids. Sie ist im Schauen des Schönen, aber gleitet ab zu ästhetischer Unverbindlichkeit. Sie ist in der grenzenlosen Möglichkeit ihrer Bereitschaft noch ohne Gegenstand, aber gleitet ab zum Rausch. Sie ist sinnliches Begehren, aber gleitet ab zu genießender Erotik. Sie ist im ursprünglichen Wissenwollen, das Offenbarkeit sucht, aber gleitet ab zu leerem Denken oder zur Neugier. Sie hat gleichsam zu ihrem *Leibe* zahllose Gestalten. Wird der Leib selbständig, so ist die Liebe tot. Überall kann sie gegenwärtig sein, und ohne sie versinkt alles in Nichtigkeit. Sie ist von hinreißender Macht und kann noch wahr sein, wo sie sich verdünnt in die Menschenfreundlichkeit und in die Naturliebe, auf deren Grund ihre Flamme sich neu entzünden wird.

Georg Christoph Lichtenberg

Über die Macht der Liebe

Die Frage: Ist die Macht der Liebe *unwiderstehlich*, oder kann
der Reiz einer Person so stark auf uns wirken, daß wir dadurch
unvermeidlich in einen elenden Zustand geraten müssen, aus
welchem uns nichts als der ausschließende Besitz dieser Person
zu ziehen im Stande ist? habe ich in meinem Leben unzählige
Mal bejahen hören von alt und jung, und oft mit aufgeschlage-
nen Augen und über das Herz gefalteten Händen, den Zeichen
der innersten Überzeugung und der sich aus Diskretion erge-
benden Natur. Ich könnte sie auch bejahen, nichts ist wohlfeiler
und leichter, ich werde sie auch künftig aus Gefälligkeit wieder bejahen, oder auch, wenn künftige Erfahrungen das Cabi-
net bereichern, aus dem ich jetzt herausphilosophiere, im Ernst,
woran ich aber deswegen sehr zweifle, weil ein paar Beispiele,
die gehörig ins Licht gesetzt für mich streiten, hinlänglich sind,
den ganzen Satz auf ewig zu leugnen. Ich habe, sage ich, den
Satz unzählige Mal bejahen hören und bejaht gelesen in Prosa
und in Versen. Aber wie viele Menschen waren darunter, die
die Frage ernstlich untersucht hatten? Bewußt wenigstens ist es
mir von keinem, daß er sie untersucht hätte, und vielleicht hatte
sie auch wirklich keiner untersucht; denn wer wird eine Sache
untersuchen, von deren Wahrheit der Kuckuck und die Nach-
tigall, die Turteltaube und der Vogel Greif einstimmig zeugen,
wenigstens wenn man den süßen und bittern Barden aller Zeiten glauben darf, über deren Philosophie aber zum Glück der
Philosoph so sehr lacht, als das vernünftige Mädchen über ihre
Liebe. Ich glaube, ich habe die Frage hinlänglich untersucht,
lange vor Herrn Prof. Meiners, dessen Übereinstimmung mit
meiner Meinung in der *Hauptsache* nicht wenig dazu beigetra-
gen hat, daß ich den Mann jetzt *liebe*, dessen Kopf ich längst

verehrt habe. Nach dieser Untersuchung behaupte ich mit völliger Überzeugung: die unwiderstehliche Gewalt der Liebe, uns durch einen Gegenstand entweder höchst glücklich oder höchst unglücklich zu machen, ist poetische Faselei junger Leute, bei denen der Kopf noch im Wachsen begriffen ist, die im Rat der Menschen über Wahrheit noch keine Stimme haben und meistens so beschaffen sind, daß sie keine bekommen können. Ich erkläre hier noch einmal, ob es sich gleichwohl von selbst versteht, daß ich den Zeugungstrieb nicht meine; der, glaube ich, kann unwiderstehlich werden, allein sicherlich hat ihn die Natur uns nicht eingeprägt, uns höchst unglücklich oder höchst glücklich zu machen. Das erste zu glauben macht Gott zu einem Tyrannen, und das letztere den Menschen zum Vieh. Und doch rührt die ganze Verwirrung in diesem Streit aus nicht genugsamer Unterscheidung eben dieses *Triebes,* der sich unter sehr verschiedener Gestalt zeigt, und der schwärmenden Liebe her. Man verteidigt Liebe und verwirft Liebe, und eine Partei versteht dieses und die andere etwas anderes. So weit diesen Morgen.

Khalil Gibran

Von der Freundschaft

Und ein Jüngling sagte: Sprich zu uns von der Freundschaft.

Und er antwortete und sagte:

Euer Freund ist die Erhörung eurer Bitten.

Er ist euer Acker, auf dem ihr mit Liebe sät und mit Dankbarkeit erntet.

Und er ist euer Tisch und euer Platz am Feuer.

Denn ihr kommt zu ihm mit eurem Hunger, und ihr sucht bei ihm den Frieden.

Wenn euer Freund seine Meinung äußert, fürchtet ihr nicht das Nein in eurer Seele, noch versagt ihr ihm das Ja.

Und wenn er schweigt, hört euer Herz nicht auf, seinem Herzen zu lauschen.

Denn ohne Worte werden in der Freundschaft alle Gedanken, alle Wünsche, alle Erwartungen geboren und geteilt, mit einer Freude, die keiner Bestätigung bedarf.

Und trennt ihr euch von eurem Freund, dann trauert ihr nicht.

Denn was ihr an ihm am meisten liebt, könnte in seiner Abwesenheit klarer zu erkennen sein, so wie dem Kletterer der Berg von der Ebene aus deutlicher erscheint.

Und kein anderes Ziel soll die Freundschaft haben als die Vertiefung des Geistes.

Denn Liebe, die etwas anderes erstrebt als die Offenbarung ihres eigenen Geheimnisses, ist keine Liebe, sondern ein ausgeworfenes Netz – und nur Wertloses verfängt sich darin.

Und euer Bestes sei für euren Freund.

Wenn er die Ebbe eurer See erleben muß, laßt ihn auch deren Flut erleben.

Denn was ist euer Freund, daß ihr ihn aufsuchen dürftet, um Zeit totzuschlagen?

Sucht ihn stets auf, um Zeit zu erleben.

Denn seine Aufgabe ist, eure Sehnsucht, nicht eure Leere zu erfüllen.

Und die Süße eurer Freundschaft sei mit Lachen und geteilten Freuden gewürzt.

Denn im Tau kleiner Dinge findet das Herz seinen Morgen und seine Erquickung.

Anton Čechov

Nächstenliebe

Wenn Jesus Christus radikaler gewesen wäre und gesagt hätte: »Liebe deine Feinde wie dich selbst«, dann hätte er nicht gesagt, was er sagen wollte. Der Nächste ist ein allgemeiner Begriff, der Feind dagegen eine Einzelheit. Das Schlimme ist nicht, daß wir unsere Feinde hassen, von denen wir nur ganz wenige haben, sondern daß wir unsere Nächsten nicht genügend lieben, von denen wir so viele haben wie Sand am Meer. »Liebe deine Feinde wie dich selbst«, hätte Christus vielleicht gesagt, wenn er eine Frau gewesen wäre. Frauen neigen dazu, aus dem Allgemeinen die hervorstechende, ins Auge fallende Einzelheit herauszugreifen. Christus aber, der über seinen Feinden stand, sie nicht wahrnahm, eine männliche, ausgeglichene und weitherzig denkende Natur, hat dem Unterschied kaum Bedeutung beigemessen, der zwischen den Einzelheiten des Begriffes »Nächster« besteht.

Anaïs Nin

Absage an die Verzweiflung

Ich glaube, daß wir in einem Zeitalter leben, das in mehrfacher Hinsicht dem der Pest ähnelt. Dies klingt zwar übertrieben, doch werden wir tagtäglich mit Verzweiflung und Entsetzen konfrontiert. Es gibt den Alptraum des Krieges und die Angst vor der Bombe – aber Sie kennen so gut wie ich all die Vorkommnisse, die in uns eine umfassende Angst hervorrufen.

Deshalb wollte ich Ihnen heute abend bewußt machen, daß es während solcher Ereignisse und Katastrophen ebenso wichtig ist für uns, aus der Geschichte herauszutreten, wie in ihr zu leben. Wir müssen aus ihr heraustreten, damit wir die Kraft aufbringen, an ihr teilzunehmen, in ihr zu leben und jene *Absage an die Verzweiflung* zu erreichen, zu der ich mich in meinen späteren Tagebüchern durchrang. Dazu bedurfte es einerseits der Kreativität, andererseits der zwischenmenschlichen Beziehungen – nämlich eines Drangs zu vertraulichen Kontakten, zu Freundschaften, zu jeder Art von Beziehungen, sei es zu Männern, Frauen oder Kindern, zu Menschen in unserem nächsten Umkreis oder zu Menschen in anderen Ländern.

Nicht nur der Künstler redet von Kreativität. Wir können schöpferisch werden in der Ödnis des Lebens oder zusammen mit unseren Nächsten; wir können schöpferisch werden wie Kinder, die plötzlich Gedichte schreiben oder malen, obwohl sie Pinsel oder Feder noch kaum halten können. Diese Kreativität ist eine ständige Wechselwirkung zwischen unserem Leben und dem Kampf mit größeren Mächten, wie etwa der Geschichte, deren Opfer wir werden können. Und um ihr nicht zu unterliegen, müssen wir lernen, in Distanz zu ihr zu leben. Das ist nicht Flucht vor der Wirklichkeit. Das ist eine innere Stätte, zu der wir zurückkehren, um unsere Kraft wiederzugewinnen, um unsere Werte wiederzugewinnen, um nicht von den Geschehnissen erdrückt zu werden.

Man kann es vergleichen mit dem Mann, der auf den Grund des Meeres taucht und etwas Sauerstoff mitnimmt, um den Druck auszugleichen. Ich spreche vom Druckausgleich zwischen äußeren Handlungen und Vorfällen, die erdrückend und vernichtend auf uns wirken, und der Stätte, wo wir auftanken und uns wieder aufrichten, wo wir schließlich das erreichen, was Jung die zweite Geburt nannte. Für die zweite Geburt sind nur wir selbst verantwortlich; sie ist eine Eigenschöpfung. Diese zweite Geburt ist diejenige, die jedermann selbst verwirklichen kann, und diese Entdeckung war für mich immer eine große Erleichterung. Solange wir Veränderungen nur von außen, von äußeren Handlungen oder von politischen Systemen erwarten, müssen wir uns natürlich hilflos fühlen und zuweilen erfahren, daß die Wirklichkeit größer und stärker ist als wir. Aber wenn wir plötzlich spüren, daß es einen Menschen gibt, den *wir* verändern können, dann verändern wir gleichzeitig auch viele um uns. Als Schriftstellerin habe ich mit einem Male erkannt, wie ausgedehnt der Einflußbereich ist, den ein einzelner haben kann.

Wenn wir also diese innere Wandlung durchmachen, beeinflussen wir die äußere Welt. Aber alle Leute haben das immer getrennt und gesagt: *Entweder* hält man sich tugendhaft an ein Leben in der Gemeinschaft, *oder aber* man lebt in egoistischer Selbstbeobachtung und ist nur auf die eigene Entwicklung bedacht. Die beiden Lebensweisen sind jedoch gegenseitig voneinander abhängig, sie wirken ganz aufeinander ein. Je stärker man diese Lebenseinstellung hat, desto größer ist die Quelle, aus der man schöpfen, mit deren Hilfe man richtig reagieren kann, und um so mehr kann man infolgedessen anderen eine Bereicherung schenken. Warum wir eine scharfe Trennung zwischen den beiden Lebensweisen gemacht haben, indem wir behaupten, sie würden einander nichts bringen, das weiß ich nicht. Denn alles, was der einzelne für sich und durch sich tut, fließt letztlich wie ein Fluß zurück ins kollektive Unbewußte. Wenn wir heute über die äußeren Veränderungen enttäuscht sind, so liegt das daran, daß nicht genügend viele von uns an der Verbesserung des Menschen gearbeitet haben: an einem Menschen, der bewußter lebt, der fähiger ist zu werten, andere zu beurteilen, den Charakter unserer Anführer zu erkennen.

Eine solche Verantwortung sollten wir übernehmen. So geriet ich zum Beispiel in einen hysterischen Zustand, als Martin

Luther King ermordet wurde, und ich empfand Schuld, eine Art universaler Schuld. Obgleich ich zu einem solchen Akt der Feindschaft unfähig bin, spürte ich doch, daß er aus all unseren Feindseligkeiten resultierte. Am Ende eines Tagebuches habe ich über den Krieg geschrieben. Als 1939 der Krieg ausbrach, sagte ich: »Ich bin niemals für eine Kriegshandlung verantwortlich gewesen, und doch bin ich jetzt in etwas verwickelt, das der ganzen Welt widerfährt.« Und selbst da spürte ich, daß es sich um eine Anhäufung all unserer Feindschaften handelte, und deshalb bekämpfe ich Feindschaft.

Wir müssen an uns selbst arbeiten, denn, wie Loren Eiseley gesagt hat, jedesmal, wenn wir die Feindschaft in uns besiegen, schaffen wir die Möglichkeit, eines Tages keinen Krieg mehr zu haben. Mit anderen Worten: Ich schiebe die Verantwortung für das gemeinschaftliche Leben wieder dem einzelnen zu. Wenn doch jeder von uns die Tatsache sehr ernst nähme, daß jede kleine Handlung, jedes kleine Wort, das wir aussprechen, jedes Unrecht, das wir einem anderen Menschen zufügen, sich in einem größeren Zusammenhang widerspiegelt! Wenn wir einmal anfangen könnten, in diesem Sinne zu denken, dann würde jeder von uns, wie eine kleine Zelle, ein menschliches Ich schaffen; ein Ich, das keine Gettos kennen würde, ein Ich, das nicht in den Krieg zöge. Dann hätten wir mit der Zeit eine Zelle, die eine riesige Anzahl von Zellen um uns herum beeinflussen würde. Ich glaube nicht, daß wir den persönlichen Wirkungskreis eines einzelnen im Haus, außer Haus, in der Nachbarschaft und schließlich in der Staatspolitik ermessen können.

Wir haben nie beides miteinander verknüpft; wir haben immer geglaubt, daß wir die größeren Probleme direkt angehen müßten; wir haben nie daran gedacht, daß wir die größeren Probleme umformen könnten, indem wir uns selbst umformen. Hätte jeder einzelne sich zuerst Einsicht über den menschlichen Charakter, Kenntnisse tiefsitzender psychologischer Störungen angeeignet und gelernt, sich selbst zu begreifen, dann könnte er auch die Beweggründe anderer verstehen lernen, dann wäre er in der Lage, bessere Anführer zu wählen. Auch könnte er, was immer seine berufliche Tätigkeit sein mag, diese viel besser ausüben, wenn er diese zusätzliche Einsicht und die Voraussicht besäße, die die Anerkennung der Differenziertheit und Vielschichtigkeit anderer Menschen verschafft.

Erst vor wenigen Wochen las ich ein Buch mit dem Titel ›Der Zukunftsschock‹, das *mir* einen Schock gab: Denn es ließ durchblicken, daß wir aufgrund der heutigen Technologie und des beschleunigten Rhythmus' der Welt dazu verdammt sind, beziehungslos nebeneinander zu leben. Weil alles so schnell geschieht und wir von einer Stadt in die andere ziehen, weil wir Entwurzelte sind und Durchreisende, haben wir für zwischenmenschliche Beziehungen nicht mehr richtig Zeit. Mich schockierte die Vorstellung, daß die Technologie uns auferlegen sollte, wie unsere menschlichen Beziehungen auszusehen haben, und daß wir wegen des gesteigerten Lebenstempos keine Zeit mehr für den anderen hätten. Das ist die verhängnisvolle Konsequenz unserer falschen Auffassung von *Kontakt.* Und die Massenmedien trugen dazu bei, daß unser Sinn für Kontakte abstumpfte, weil sie uns die Illusion gaben, daß wir mit der ganzen Welt und allem Weltgeschehen in Verbindung stünden. Die Massenmedien fabrizieren Persönlichkeiten und bieten uns ein Bild von der Welt, das so falsch ist, wie es nur sein kann. Wenn es uns auch manchmal dienlich ist, so führt es uns doch die meiste Zeit hinters Licht. Schlußendlich läuft es wieder hinaus auf *unsere* Vorstellung vom Menschen, von Ereignissen, von der Geschichte oder von Kriegen, anderen Nationen oder anderen Rassen; denn nur durch eine innere Abschätzung, nicht durch die Massenmedien, gelangen wir wirklich zu einem Verständnis für andere. Die Massenmedien vermitteln uns ein falsches Gefühl von Kommunikation und Kontakt.

Wir sprechen über die Massenmedien und über neue empfindliche Tonbänder, und wir machen uns Gedanken über alle möglichen Arten von Aufnahmen, aber wir denken nie an unseren Körper, unseren Geist und unsere Seele als den eigentlichen Empfänger. Das ist erst möglich, wenn wir empfindungsfähig werden, wenn wir uns der Schranken entledigen, die ich die Hornhaut der Seele nenne. R.D. Laing erklärt ausführlich und richtig, daß wir alle auf echte Begegnungen und Beziehungen hoffen, sie aber nicht stattfinden werden, ehe wir uns nicht demaskieren, das Rollenspiel aufgeben, die Abwehrhaltung, die Projektionen nach innen und außen. Er erwähnt alle Störungen und Bedrohungen, und mein Tagebuch offenbarte mir, daß ich es schließlich für Sie zugänglich machte, was diese Störungen und Bedrohungen eigentlich sind. In meinem Fall war es zumeist Angst, Angst vor anderen Menschen – die ich plötzlich verlor, als ich die Tagebücher veröffentlichte. So bewies mir das Wagnis, daß es nicht zerstörerisch ist, wenn wir unser Innerstes aufs Spiel setzen, wenn wir unseren verborgenen und echten Kern anbieten. Wir können nicht zerstört werden.

Pravu Mazumdar

Ein Bild des Glücks

Damit haben wir ein erstes Bild von der Landschaft des Glücks. Auf der einen Seite haben wir das System der Glücksmaschinen und ihrer Ziele, bildlich gesprochen, ein einfaches Schild mit der Aufschrift »Glück«. Von dieser Maschine werden die Menschen zu einem Strom der geifernden, schwitzenden und atemlosen Geschäftigkeit organisiert. Es ist das große Rennen nach

Karikatur von Jan Tomaschoff

dem Glück. Die Gesichtszüge sind vom Ehrgeiz verzerrt, mit einer barschen Handbewegung schiebt ein Mann seinen Nachbarn zurück, um als erster am Ziel zu sein, ein anderer bangt um seinen Hut, der in dem allgemeinen Getümmel wegzufliegen droht. Ein Dritter kriecht auf allen vieren, greift aber mit der linken Hand nach dem fernen Ziel, als wollte er damit seinen Gang beschleunigen. Jemand ist gerade gestolpert, aber alle rennen über seinen Körper hinweg.

Auf der anderen Seite haben wir den Augenblick am Straßenrand. Ein Mann liegt auf der Wiese mit einer Blume im Mund, die Vordersohle seines rechten Schuhs hängt nach unten. Die Augen sind geschlossen, und ein unbestimmtes Lächeln schwebt über seinem Dreitagebart, denn er genießt offenbar die ihn tragende Erde. Entweder weiß er nicht, daß er riskiert, Hunger, Regen, Kälte zu erleiden. Oder er weiß, daß solche Risiken letztlich auf den Tod hinauslaufen, daß der Tod, der das Ziel der

Ziele auch für die Glücksjäger ist, ihn ohnehin holen wird. Die Einsicht macht ihn mutig, und der Mut macht ihn genießerisch.

Interessant ist, daß zwei Gestalten auf dem Boden liegen: der unrasierte Mann am Straßenrand und der Gestolperte auf der Rennbahn des Glücks. Aber wie unterschiedlich sie liegen! Der erste liegt entspannt auf der Wiese wie der Herr der Erde und Gebieter des Augenblicks. Der Mut oder die Ignoranz macht ihn zum König: auf Dauer im Falle des Mutes und auf Zeit im Falle der Unwissenheit. Der andere aber ist nicht nur physisch gestürzt, er ist auch aus dem Rennen herausgefallen. Mit der linken Hand schützt er seinen Kopf, mit der rechten versucht er sich am Boden abzustützen, um eventuell wieder aufzustehen, was ihm aber nicht gelingen wird, denn der Strom der Menschen, die über seinen Körper hinwegrennen, ist lückenlos. Er liegt nicht auf dem Rücken, wie der Mann am Straßenrand, sondern auf dem Bauch. Damit hat er nicht den Himmel, sondern die Erde im Blick. Aber er ist weit davon entfernt, die Erde zu genießen, die ihn nicht trägt und bettet, sondern zum Verlierer macht. (Es ist eben ein Unterschied, ob man aus der horizontalen Lage, die auch die im Tod eingenommene Lage ist, den Himmel oder die Erde im Blick hat.) Dazu kommt, daß seine Stellung am Boden zufällig ist, diktiert von der Logik seines Sturzes: Sie drückt keine Beziehung aus zwischen seinem Körper und der Erde. Denn die Erde ist für ihn nicht das Tragende, sondern nur eine Rennbahn, die zum Glück führt. Gegenüber dem Augenblick, wie auch dem Tod, gibt es offenbar zwei mögliche Haltungen: entweder stellt man sich ihm oder man wird von ihm geholt.

Entscheidend an diesem Bild ist, daß das Glück zwei Positionen einnimmt. Die erste Position befindet sich jenseits des rechten Bildrandes. Dort ruht das Glück wie ein großer unsichtbarer magnetischer Pol und zieht die Menschen an als die große Erfüllung und Freude ihres Lebens. Es wirkt gerade im

Medium seiner Abwesenheit, und seine Fernwirkung richtet die Menschen wie Eisenspäne aus, entlang Bahnen oder Kraftlinien, die alle zu ihm selbst führen. Die einzige Weise, in der dieses Glück in der Welt existiert, ist als Bild oder Vision in den Köpfen der Menschen. Die zweite Position, die das Glück einnimmt, ist der Straßenrand. Dort zeigt es sich als die reale Erfüllung, die den verlotterten König der Wiesen einholt, unerwarteterweise eben in diesem Augenblick, als eine Erfüllung, die nicht als Abwesenheit existiert und kein Bild im Kopf ist, sondern als zufälliger und aktueller Zustand den Körper des Mannes durchströmt und sich in einem winzigen und einzigen Lächeln verrät. Es handelt sich um das zufällige Glück am Straßenrand, jenseits allen Kalküls, beinahe atmosphärisch, launisch wie das Wetter und ungerecht in seiner Zuwendung. Es ist das Glück als Glückssache.

[...]

Betrachtet man das Glück als *Geschenk*, so kann man es im Sinne der allgemeinen Ökonomie bestimmen: als *Glückssache*. Dann lassen sich, ausgehend von der Idee des Geschenks, die Grundzüge der Logik einer *allgemeinen* Ökonomie des Glücks schrittweise sichtbar machen und abschließend eine *allgemeine* Formel für den Umgang mit dem Glück aufstellen.

1. Die besten Dinge des Lebens sind Geschenke. Warum nicht auch das Glück? Die besten Geschenke aber entsprechen unserem Wesen. Vielleicht erweist sich zuletzt das Wesen des Geschenkes als das Wesen des Beschenkten selbst. Bedeutet dann Glück: mit dem ›eigenen‹ Wesen beschenkt werden?

2. Dieses ›Eigene‹ schließt ein, was im Alltag regelmäßig untergeht: unser täglich fortgeführtes Verschwinden. Unser begrenztes Wesen ist untrennbar von unserem Abwesen. Das besagt: Wenn das Glück uns mit unserem *eigenen* Wesen beschenkt, dann führt es uns unweigerlich in die Nähe unseres *eigenen* Todes.

3. In anderen Worten: Das Glück gehört ebenso zu unserem Wesen wie der Tod. Und da zum Tod der Zufall gehört und zu unserem Wesen der Tod, gehört der Zufall wesentlich zu uns. Dem Glück also, das uns mit unserem eigenen Wesen beschenkt, ist der Zufall eingeschrieben. Das Glück ist wesentlich *Glückssache*.

4. Damit aber verschiebt sich die Frage nach dem Wesen des Glücks, die jetzt lautet: Was ist das Wesen der Glückssache? Zugleich stellt sich die Frage nach der Realisierbarkeit der Glückssache. Die zwei Fragen nach dem Wesen und der Realisierbarkeit der Glückssache sind eng miteinander verschränkt.

5. Vom *Wesen* her zeigt sich die Glückssache als etwas ganz Allgemeines, beinahe als reine Form. Man kann darüber tatsächlich wie über ein Gefäß reden, das unterschiedlich gefüllt werden kann. Denn was das Glück als Glückssache konkret ist, entscheidet sich immer nur konkret: für ein konkretes Individuum oder eine konkrete Gruppe. Es entscheidet sich nur im Zusammenhang der konkreten Existenz. Ist das Glück als Glückssache dann etwa ein Gefäß oder eine Einfassung der Existenz? Gibt es die Grenzen ab, innerhalb derer sich die Existenz entfalten kann?

6. Stimmt das, so erfüllt sich die Glückssache, indem ihre gefäßartigen Grenzen von der konkreten Existenz erreicht werden. Der Prozeß dieser Erfüllung beruht meist auf dem Einsatz eines Zieles. Die Glückssache maskiert sich als Ziel, und die menschliche Existenz läßt sich vom Trugbild des Zieles fernsteuern. Als das höchste und wesentlichste Ziel der menschlichen Existenz hat das Glück entweder die Form einer Vereinigung oder diejenige einer Trennung. Entweder hängt das Glücksgefühl mit einem *Erreichen*, d. h. der Vereinigung mit einem Ziel des Begehrens, zusammen oder mit einer *Befreiung*, d. h. der Trennung von einem Gegen-

stand der Abscheu. Als ein »Mittleres« könnte man das »Glücken« nehmen, das genauso ein Erreichen wie eine Befreiung sein kann. Ich bin glücklich, wenn das Leben mir glückt.

7. Kann man aber das Glück als Glückssache wirklich bewußt *realisieren?* Kann man ihm entgegenarbeiten? Viele Teilziele lassen sich in der Tat mit Vorsatz realisieren. Auf die Glückssache aber kann man nicht gezielt und strategisch hinarbeiten. Man kann sich lediglich auf sie *einstimmen.* Die Glückssache kommt nur zum Offenen und Geöffneten, auf Taubenfüßen.

8. Die Offenheit, die ziellose Offenheit – nicht für etwas Bestimmtes, sondern für die Wechselfälle des Lebens, letztlich den Tod –, stimmt uns auf die Glückssache ein. Deshalb erscheint die Vorbereitung auf das Glück als eine Einübung in die Schrecken der Offenheit. Offene Menschen sind verspielt und schöpferisch und deshalb auch glücklich. Sie sind nichts Geringeres als die Schöpfer ihrer selbst. Doch gehört das alles eher zu den Liebenswürdigkeiten der Oberfläche. In der Tiefe ruht der Mut zum absoluten Verlust.

9. Zu den Bedingungen der Glückssache gehört also der Mut zum Unglück. Wir können uns niemals zum Glück hinfinden, wenn wir nicht zulassen, daß sich das Unglück an unseren Knochen abfärbt. Darin liegt der Preis des Glücks.

10. Sich das Unglück im Rahmen einer schwierigen Kunst und Übung zu eigen machen heißt: *Das Unglück meistern und das Glück nicht länger fürchten.*
Darin liegt so etwas wie eine Formel des Glücks.

Theodor W. Adorno

Zwischen Berg und tiefem Tal

Seit ich denken kann, bin ich glücklich gewesen mit dem Lied »Zwischen Berg und tiefem, tiefem Tal«: von den zwei Hasen, die sich am Gras gütlich taten, vom Jäger niedergeschossen wurden, und, als sie sich besonnen hatten, daß sie noch am Leben waren, von dannen liefen. Aber spät erst habe ich die Lehre darin verstanden: Vernunft kann es nur in Verzweiflung und Überschwang aushalten; es bedarf des Absurden, um dem objektiven Wahnsinn nicht zu erliegen. Man sollte es den beiden Hasen gleichtun; wenn der Schuß fällt, närrisch für tot hinfallen, sich sammeln und besinnen, und wenn man noch Atem hat, von dannen laufen. Die Kraft zur Angst und die zum Glück sind das gleiche, das schrankenlose, bis zur Selbstpreisgabe gesteigerte Aufgeschlossensein für Erfahrung, in der der Erliegende sich wiederfindet. Was wäre Glück, das sich nicht mäße an der unmeßbaren Trauer dessen, was ist? Denn verstört ist der Weltlauf. Wer ihm vorsichtig sich anpaßt, macht eben damit sich zum Teilhaber des Wahnsinns, während erst der Exzentrische standhielte und dem Aberwitz Einhalt gebote. Nur er dürfte auf den Schein des Unheils, die »Unwirklichkeit der Verzweiflung«, sich besinnen und dessen innewerden, nicht bloß daß er noch lebt, sondern daß noch Leben ist. Die List der ohnmächtigen Hasen erlöst mit ihnen selbst den Jäger, dem sie seine Schuld stibitzt.

John Earle

Ein Mißvergnügter

ist Jemand, der sich mit der Welt entzweit hat und dies am eigenen Leibe zu spüren bekommt. Fortuna hat ihm etwas vorenthalten, und nun ist er darüber verstimmt und wird ihr zum Trotze unglücklich sein. Die Wurzel seiner Krankheit ist ein sich selbst schmeichelnder Stolz und eine zur Gewohnheit gewordene Empfindlichkeit, wenn etwas seinen Launen zuwiderläuft; und der Grund dafür ist gewöhnlich einer von diesen dreien: ein strenger Vater, ein zänkisches Weib oder sein gescheiterter Ehrgeiz. Er hat das Wesen der Welt nicht eher in Rechnung gezogen, als bis er es zu spüren bekam; und nun fallen alle Streiche um so schwerer auf ihn, weil sie nicht seiner Erwartung entsprechen. Er hat nunmehr allem außer seinem Stolze entsagt und ist doch noch voller Dünkel in der eitlen Zurschaustellung seiner Melancholie. Seine Haltung ist von einer einstudierten Achtlosigkeit; er hält die Arme verschränkt und läßt den Kopf ebenso nachlässig hängen wie ihm der Mantel am Leibe hängt; und einem Hutbande ist er ebenso feindlich gesonnen wie dem Glücke. Er klagt über die Zeitläufte und die Aufsteiger und seufzt über die Vernachlässigung von Männern von Talent, das heißt solchen, wie er selber einer ist. Sein Leben lang befleißigt er sich der Satire, und beständig geißelt er die Eitelkeit des Zeitalters. Es bereitet ihm höchstes Unbehagen, wenn er Menschen fröhlich sieht, und er fragt sich, welchen Grund zu lachen sie finden können. Er verzieht seine Lippen niemals zu mehr als zu einem Lächeln, und bevor er die Vierzig erreicht, hat ihm das Stirnrunzeln Falten eingetragen. Schließlich fällt er in jene tödliche Melancholie, die ihn zu einem erbitterten Menschenfeinde macht, und das ist des Unfriedens liebster Gefährte. Er ist der Funke, der das Gemeinwohl in

Brand steckt; und betätigt sich selbst als Blasebalg, um das Feuer noch recht anzufachen; und wenn irgend etwas aus ihm wird, dann gewöhnlich eines von diesen dreien: Klosterbruder, Verschwörer oder Tollhäusler.

Cicero

Über das Alter

Wir haben nun doch den vierten Punkt zu behandeln, der Menschen in meinem Alter offensichtlich ganz besonders bedrückt und aufregt: das Nahen des Todes, der sicherlich vom hohen Alter nicht mehr weit sein kann. Bedauernswert ist ein alter Mensch dann, wenn er in seinem ganzen langen Leben nicht begriffen hat, daß man auf den Tod nicht achten soll! Denn entweder kann er uns völlig gleichgültig sein – wenn er nämlich die Seele gänzlich austilgt; oder wir dürfen ihn uns sogar wünschen, nämlich dann, wenn er die Seele an irgendeinen Ort entrückt, wo ihr ewiges Leben beschieden ist; eine dritte Möglichkeit ist doch wohl nicht denkbar. Wozu also die Angst, wenn ich nach dem Tode entweder nicht unglücklich oder sogar glückselig sein werde? Und doch: Wer kann, wenn auch in noch so jungen Jahren, so dumm sein, daß er es für eine absolute Gewißheit ansieht, bis zum Abend leben zu bleiben? Ja, jene Altersstufe kennt sogar noch weit mehr Möglichkeiten eines schicksalhaften Todes als das Alter, in dem ich stehe: Jung wird man leichter krank, die Krankheiten sind schwerer, ihre Behandlung nimmt leichter den Lebensmut. So erreichen auch nur wenige ein hohes Alter; wäre dem nicht so, dann wäre unser Leben besser und vernünftiger.

Denn Verstand, Vernunft und kluger Rat sind den Greisen vorbehalten; hätte es sie nicht gegeben, so hätte kein Staat je bestehen können.

Doch ich komme auf den bevorstehenden Tod zurück: Wie kann man seinetwegen das Alter anklagen? Ihr seht doch, daß man dann auch in gleicher Weise die Jugend beschuldigen müßte. Ich für meinen Teil habe an meinem eigenen vertrefflichen Sohn die Erfahrung gemacht, und du, Scipio, hast es bei deinen Brüdern, die man sich schon als Inhaber der höchsten Staatsämter wünschte, erlebt, daß der Tod in gleicher Weise jedes Lebensalter bedroht. Man wendet ein: Der junge Mensch besitzt aber doch die Hoffnung, lange zu leben, eine Hoffnung, die man als alter Mensch nicht mehr haben kann. Es ist eine unüberlegte Hoffnung. Denn nichts ist dümmer als Ungewisses für gewiß, Falsches für wahr zu halten. Man hält dem entgegen: Im Alter hat man ja nicht einmal einen Grund zu hoffen. Aber man ist um soviel besser daran als in der Jugend, als man das, was man jung nur erhoffen kann, im Alter ja schon erreicht hat; als Junger wünscht man sich ein langes Leben, als Alter hat man bereits lange gelebt. Indes: Ihr guten Götter, was heißt denn bei einem Menschen »lang«? Nenne mir doch einer das Höchstmaß an Zeit, stellen wir doch selbst das Alter des Königs von Tartessos in Rechnung – es gab nämlich, wie ich geschrieben finde, zu Gades einen gewissen Arganthonios, dessen Regierungszeit achtzig Jahre betrug, bei einer Lebensdauer von einhundertzwanzig: Mir kommt selbst eine höchste Steigerung nicht als »lange« vor. Denn ist sie erreicht, dann ist alles Vergangene schon dahin. Was bleibt, ist nur das, was man durch Tugend und rechtes Handeln erreicht hat: Stunden, Tage, Monate, Jahre schwinden dahin, und die Vergangenheit kehrt nie zurück, und was noch kommt, kann man nicht wissen: Jeder soll zufrieden sein mit der Zeit, die ihm zum Leben gegeben ist.

Es muß ja auch kein Schauspieler, um zu gefallen, ein ganzes Stück hindurch auf der Bühne stehen – er braucht nur in dem Akt, in dem er aufgetreten ist, Beifall zu finden. Ebenso wenig hat es ein Weiser nötig, das abschließende »Hoch!« zu erleben.

Eine kurze Lebenszeit ist nämlich lange genug, um sittlich gut und anständig zu leben. Ist sie aber doch länger geworden, dann braucht man dies ebensowenig zu bedauern wie ein Bauer es bedauert, daß auf den lieblichen Frühling Sommer und Herbst gefolgt sind. Der Frühling ist ja sozusagen ein Bild für »Jugend«, er weist hin auf die kommenden Früchte, die übrigen Jahreszeiten sind für das Abschneiden und Ernten der Früchte da. Die Ernte aber, die man im Alter hat, ist, wie ich schon oft sagte, eine reiche Erinnerung an all das Gute, das man früher geschaffen hat. Unter das Gute aber ist all das zu rechnen, was menschlichem Wesen gemäß ist. Ist es aber nun nicht völlig menschlichem Wesen gemäß, daß alte Menschen sterben müssen? Widerfährt es jungen Menschen, so ist dies durchaus gegen die menschliche Natur, die sich dann aufbäumt. Daher kommt mir der Tod junger Leute vor wie das Ersticken eines gewaltigen Feuers mit einer Flut von Wasser; sterben aber alte Leute, so kommt gleichsam ein Feuer, das sich aufgezehrt hat, von selbst, ohne Gewalt, zum Erlöschen; und wie das Obst nur mit Mühe von den Bäumen abgepflückt werden kann, solange es noch grün ist, dagegen aber abfällt, sobald es zeitig und ausgereift ist, so nimmt jungen Leuten nur Gewalt, alten Menschen dagegen ihre Reife das Leben fort. Auf diese Reife freue ich mich so sehr, daß ich, je näher ich dem Tode komme, glaube, gleichsam »Land in Sicht« zu haben und endlich nach langer Seefahrt in einen Hafen zu gelangen.

Friedrich Nietzsche

Irdische Gebrechlichkeit

Die irdische Gebrechlichkeit und ihre Hauptursache. – Man trifft, wenn man sich umsieht, immer auf Menschen, welche ihr Lebenlang Eier gegessen haben, ohne zu bemerken, daß die länglichten die wohlschmeckendsten sind, welche nicht wissen, daß ein Gewitter dem Unterleib förderlich ist, daß Wohlgerüche in kalter klarer Luft am stärksten riechen, daß unser Geschmackssinn an verschiedenen Stellen des Mundes ungleich ist, daß jede Mahlzeit, bei der man gut spricht oder gut hört, dem Magen Nachtheil bringt. Man mag mit diesen Beispielen für den Mangel an Beobachtungssinn nicht zufrieden sein, um so mehr möge man zugestehen, daß die *allernächsten Dinge* von den meisten sehr schlecht gesehen, sehr selten beachtet werden. Und ist dieß gleichgültig? – Man erwäge doch, daß aus diesem Mangel sich *fast alle leiblichen und seelischen Gebrechen* der Einzelnen ableiten: nicht zu wissen, was uns förderlich, was uns schädlich ist, in der Einrichtung der Lebensweise, Vertheilung des Tages, Zeit und Auswahl des Verkehres, in Beruf und Muße, Befehlen und Gehorchen, Natur- und Kunstempfinden, Essen, Schlafen und Nachdenken; *im Kleinsten und Alltäglichsten unwissend* zu sein und keine scharfen Augen zu haben – das ist es, was die Erde für so Viele zu einer »Wiese des Unheils« macht. Man sage nicht, es liege hier wie überall an der menschlichen *Unvernunft:* vielmehr – Vernunft genug und übergenug ist da, aber sie wird *falsch* gerichtet und *künstlich* von jenen kleinen und allernächsten Dingen *abgelenkt.* Priester und Lehrer und die sublime Herrschsucht der Idealisten jeder Art, der gröberen und feineren, reden schon dem Kinde ein, es komme auf etwas ganz Anderes an: auf das Heil der Seele, den Staatsdienst, die Förderung der Wissenschaft, oder auf Ansehen und Besitz, als die Mittel, der ganzen Menschheit Dienste zu erweisen, während das Bedürfnis des Einzelnen, seine große und kleine Noth innerhalb der vierundzwanzig Tagesstunden etwas Verächtliches oder Gleichgültiges sei. – Sokrates schon wehrte sich mit allen Kräften gegen diese hochmüthige Vernachlässigung des Menschlichen zu Gunsten des Menschen und liebte es, mit einem Worte Homers, an den wirklichen Umkreis und Inbegriff alles Sorgens und Nachdenkens zu mahnen: Das ist es und nur das, sagt er, »was mir zu Hause an Gutem und Schlimmem begegnet«.

Kurt Tucholsky

Das ›Menschliche‹

Das Wort ist seit etwa zehn Jahren in die Umgangssprache eingegangen: ›menschlich‹. – Herr Kulicke sagt: »Ich habe eine Enttäuschung an ihm erlebt – menschlich.« – Und: »Wie ist er menschlich?« Das ist so zu erklären:

Deutschland ist, wie seine Sprache in tausend Einzelheiten anzeigt, so verfachlicht, in Berufskategorien eingeteilt, ständisch schematisiert, daß es immer besonders hervorgehoben werden muß, wenn jemand den andern nicht ›als‹ Kommunalbeamten ansieht, sondern als das, was er wirklich ist. Die Fiktion, jemand könne nur ›dienstlich‹ etwas tun, jemand habe überhaupt den Anspruch, nur sachlich und fachlich gewertet zu werden, rächt sich bitter: sie treibt den Wesensgehalt scheinbar aus dem Menschen aus, aber er kommt fürchterlich zurück, und meist verborgen. Was eine herrliche Gelegenheit ist, Verantwortungen von sich abzuwälzen, sich hinter den Dienst zu

verkriechen und wesenlose Schemen eine Verantwortung tragen zu lassen, die das Individuum zu tragen zu feige und zu
charakterlos ist.

Wie so viele Fachwörter der falschen Innerlichkeit heißt das
Wort ›menschlich‹ in Wirklichkeit etwa: ›und überhaupt und
so‹ – denn eine exakte Bedeutung ist da nicht zu finden. Die
Entdeckung eben dieses Menschlichen hinter dem Fachwerk
der Berufseitelkeiten ist lustig genug – vollkommen irreal und
in Wahrheit nicht vorhanden. Der zweite Bürgermeister tut
sich etwas darauf zugute, nur Beamter im Dienst zu sein und
nichts als das – das ›Menschliche‹ holt er in Mußestunden hervor und zu ganz besonders schönen Anlässen – dann heißt
dergleichen ›human‹. Es ist die ehemals preußische Furcht darin, alles Menschliche sei von vornherein verdächtig, unangemessen, ungehörig – und es wird darum verjagt wie Singvögel
von einem Kasernenhof.

Unsere Schlagwortsprache ist zur Zeit ein bißchen gedun-
sen – ›menschlich‹ ist eine der zahlreichen Beulen, die zu ver-
arzten wären. In diesem modernen Seelenjargon ist so viel
schwerer Augenaufschlag, so viel falsches Drama, so viel Ro-
mankram. Die Trivialität kleidet sich heute so schön bunt und
apart, daß nichts Apartes übrig bleibt – Originalität ist zum
Schluß eine banale Mode, die ja auch manchmal darin bestehen
kann, um Gottes willen nicht originell zu sein.

»Sie ist menschlich schon sehr fein …« (man beachte das
scheußliche ›schon‹, das wie eine falsche Perle in der Kunst-
seide dieses Satzes blinkt). Natürlich ist sie ›menschlich‹ sehr
fein – wie denn: Welch Unfug, durch solche Adverbia alles
kastenmäßig einzuordnen! Aber das trägt man so. Und es ist
recht beliebt.

Das wäre ja nun nichts als ein Aufputz billiger Waren durch
ein billiges Goldfädchen, wenn sich die Fabrikanten nicht gar
so bedeutend vorkämen, so geschwollen, so kompliziert, so

seelisch verwickelt. Und sind doch nur armselige Straßenhändler von Massenartikeln.

In der Industrie hat man das längst heraus; eine gute, brauchbare Ware täuscht kein falsches Material mehr vor, das ist vorbei – und täuscht vor allem nicht vor, eine Handarbeit zu sein. Wir wissen, daß die Handarbeit für den Luxus oder die Liebhaberei reserviert ist; wir andern haben uns im täglichen Leben mit Massenfabrikaten zu behelfen, nein: uns ihrer zu bedienen – und Aufgabe der Industrie ist es, diesen Massenartikel, so ornamentlos, so sauber, so glatt, so billig und so praktisch wie möglich herzustellen. Ford.

Aber im Seelischen haperts. Da wird ›menschlich‹ gemogelt. Da spukt das gute alte Handwerk, das schlechte alte Handwerk, Biedermeier, falsche Individualisation, kleine Eigenarten zu eins fünfzig und der ganze Humbug einer Privatseele. In summa: der Mensch zu dieser Zeit ist in Mitteleuropa noch nicht geboren – er hinkt den Ereignissen um ein betrübliches nach. Schade – er wäre ›menschlich‹ höher zu werten, wenn er seine Zeit und sich selbst begriffe.

Die unerbittliche Wirtschaft nivelliert erbarmungslos; die Leute wohnen schon unverlogener, besonders in Deutschland; sie disponieren mit ihrem Geld genau der harten Wirklichkeit entsprechend. Die Rache des Individuums, das sich vergewaltigt fühlt, wirft sich aufs ›Menschliche‹ und will mit aller Gewalt, bockend, zurück. Vergebens. Es wird nach vorn gerissen, es muß, es muß.

Hoffen wir, daß die ›Menschlichen‹ des Jahres 1980 soweit sind, wie die Welt aus dem Jahre 1926. Dann wäre sie sachlicher und weniger unmenschlich.

Blaise Pascal

Der Mensch im Zwiespalt

Wir wünschen die Wahrheit und finden in uns nur Ungewiß-
heit.

Wir suchen das Glück und finden nur Elend und Tod.

Wir sind unfähig, die Wahrheit und das Glück nicht zu
wünschen, und sind weder der Gewißheit noch des Glückes
fähig. Dieses Verlangen ist uns gelassen, sowohl um uns zu be-
strafen, als auch um uns innewerden zu lassen, worauf wir gefallen sind.

Sören Kierkegaard

Entweder – Oder
Ein ekstatischer Vortrag

Heirate, du wirst es bereuen; heirate nicht, du wirst es gleichfalls bereuen; heirate oder heirate nicht, du wirst beides bereu-
en; entweder du heiratest oder du heiratest nicht, du bereust
beides. Lach über die Narrheit der Welt, du wirst es bereuen;
wein' über sie, du wirst es gleichfalls bereuen; lach über die
Narrheit der Welt oder wein' über sie, du wirst beides bereuen;
entweder du lachst über die Narrheit der Welt oder du weinst
über sie, du bereust beides. Trau einem Mädchen, du wirst es
bereuen; trau ihr nicht, du wirst es gleichfalls bereuen; trau
einem Mädchen oder trau ihr nicht, du wirst beides bereuen;
entweder du traust einem Mädchen oder du traust ihr nicht, du

wirst beides bereuen. Hänge dich auf, du wirst es bereuen, hänge dich nicht auf, du wirst es gleichfalls bereuen; hänge dich auf oder hänge dich nicht auf, du wirst beides bereuen; entweder du hängst dich auf oder du hängst dich nicht auf, du wirst beides bereuen. Dies, meine Herren, ist aller Lebensweisheit Inbegriff. Es ist nicht allein in einzelnen Augenblicken, daß ich, wie Spinoza sagt, alles *aeterno modo* (nach Art der Ewigkeit) betrachte, sondern ich bin immerfort *aeterno modo*. Viele glauben, daß sie dies gleichfalls seien, wenn sie, nachdem sie das eine getan haben oder das andre, diese Gegensätze vereinigen oder vermitteln. Jedoch dies ist ein Mißverständnis; denn die wahre Ewigkeit liegt nicht hinter dem Entweder-Oder, sondern vor ihm. Die Ewigkeit dieser Leute wird daher auch ein schmerzlicher Ablauf in der Zeit sein, sofern sie die zwiefache Reue haben werden, um daran zu zehren. Meine Weisheit ist also leicht zu begreifen; denn ich habe bloß einen einzigen Grundsatz, von dem ich noch nicht einmal ausgehe. Man muß unterscheiden zwischen der hinterher kommenden Dialektik in dem Entweder-Oder und der hier angedeuteten ewigen. Wenn ich so z. B. hier sage, daß ich nicht ausgehe von meinem Grundsatz, so hat dies seinen Gegensatz nicht an einem von ihm Ausgehen, sondern ist lediglich der negative Ausdruck für meinen Grundsatz, ist lediglich das, darin er sich selbst begreift, im Gegensatz zu einem entweder von ihm Ausgehen oder nicht von ihm Ausgehen. Ich gehe von meinem Grundsatz nicht aus; denn ginge ich von ihm aus, so würde ich es bereuen, und ginge ich nicht von ihm aus, so würde ich es gleichfalls bereuen. Sollte es daher dem einen oder andern unter meinen hochverehrten Zuhörern so vorkommen, als ob an dem, was ich sagte, doch etwas dran wäre, so beweist er damit lediglich, daß sein Kopf für Philosophie nicht geeignet ist; und sollte es ihn bedünken, in dem Gesagten wäre eine Bewegung vollzogen, so beweist dies das Gleiche. Für diejenigen Zuhörer hingegen, welche imstande sind, mir zu folgen, obwohl ich keine Bewegung vollziehe, will ich nunmehr die ewige Wahrheit entwickeln, dadurch diese Philosophie in sich selber bleibt und eine höhere nicht zugesteht. Wofern ich nämlich von meinem Grundsatz ausginge, würde ich nicht wieder anhalten können; denn hielte ich nicht an, so würde ich es bereuen, und hielte ich an, so würde ich es gleichfalls bereuen u. s. f. Jetzt hingegen, wo ich nie ausgehe, kann ich auch nie aufhören; denn mein ewiger Ausgang ist mein ewiges Aufhören. Die Erfahrung hat gezeigt, daß es für die Philosophie keineswegs besonders schwierig ist, anzufangen. Weit davon; sie fängt ja mit Nichts an und kann mithin jederzeit anfangen. Was hingegen der Philosophie und den Philosophen schwerfällt, ist das Aufhören. Auch diese Schwierigkeit hab ich vermieden; denn wofern jemand meinen sollte, daß ich, indem ich jetzt aufhöre, wirklich aufhöre, beweist er, daß es ihm an spekulativem Begriff mangelt. Ich halte nämlich nicht jetzt an; sondern ich habe damals angehalten, da ich anfing. Meine Philosophie hat daher die ausgezeichnete Eigenschaft, daß sie kurz ist, und daß sie unwidersprechlich ist; denn wofern es sich jemand getraute, mir zu widersprechen, so dürfte ich wohl recht damit haben, ihn für verrückt zu erklären. Der Philosoph ist also immerfort *aeterno modo* und hat nicht bloß wie der selige Sintenis ein paar »Stunden«, die »gelebt« sind »für die Ewigkeit«.

Warum bin ich nicht in den neuen Buden geboren, warum bin ich nicht als kleines Kind gestorben? So hätte mein Vater mich in einen kleinen Sarg gelegt, mich selbst unter den Arm genommen, mich eines Sonntagsvormittags zum Grabe hinausgetragen, selber die Erde darauf geworfen, halblaut ein paar nur ihm selbst verständliche Worte gemurmelt. Dem glücklichen Altertum allein konnte es beikommen, die kleinen Kinder im Elysium weinen zu lassen, weil sie so früh gestorben seien.

Niemals bin ich froh gewesen; gleichwohl hat es stets so

ausgesehen, als wäre die Freude in meinem Gefolge, als tanzten um mich der Freude leichte Genien, unsichtbar für andre, nicht aber für mich, dessen Auge da von Wonne strahlte. Wenn ich also an den Menschen vorübergehe, glücklich und froh wie ein Gott, und sie mir mein Glück mißgönnen, dann lach ich; denn ich verachte die Menschen, und ich nehme Rache. Niemals hab ich gewünscht, einem Menschen Unrecht zu tun, jederzeit aber hat es so ausgesehen, als ob ein jeder Mensch, der in meine Nähe käme, Kränkung und Unrecht erlitte. Wenn ich also andre wegen ihrer Treue und Rechtschaffenheit rühmen höre, dann lach ich; denn ich verachte die Menschen, und ich nehme Rache. Niemals ist mein Herz gegen irgendeinen Menschen verhärtet gewesen, jederzeit aber, und gerade dann, wenn ich am meisten bewegt war, hat es so ausgesehen, als ob mein Herz jedem Gefühl verschlossen und fremd wäre. Wenn ich also andre wegen ihres guten Herzens rühmen höre, sie geliebt sehe um ihres tiefen, reichen Fühlens willen, dann lach ich; denn ich verachte die Menschen, und ich nehme Rache. Wenn ich mich selbst verflucht, verabscheut sehe, gehaßt wegen meiner Kälte und Herzlosigkeit: dann lach ich, dann sättigt sich mein Grimm. Wofern die guten Menschen mich nämlich dahin bringen könnten, wirklich Unrecht zu haben, wirklich Unrecht zu tun – ja, dann hätte ich verloren.

Es ist mein Unglück; an meiner Seite geht allezeit ein Mordengel, und ich bestreiche nicht der Auserwählten Tür mit Blut zum Zeichen, daß er an ihr vorübergehen möge, nein, in deren Tür tritt er gerade ein – denn erst die Liebe der Erinnerung ist glücklich.

Der Wein erquickt mein Herz nicht mehr; ein wenig davon macht mich wehmütig; viel – schwermütig. Meine Seele ist matt und ohne Kraft, vergeblich drücke ich ihr die Sporen der Lust in die Seite, sie kann nicht mehr, sie richtet sich nicht mehr hoch in königlichem Sprung. Ich habe alle meine Illusion verloren. Ver-

geblich suche ich mich der Unendlichkeit der Freude hinzuge-
ben, sie kann mich nicht erheben, oder richtiger, ich kann mich
selber nicht erheben. Ehedem, da brauchte sie nur zu winken,
und ich stieg leicht und frisch und frei. Und ritt ich langsam
durch den Wald, so war's als ob ich flöge; jetzt, wenn das Pferd
dem Sturze nahe schäumt, so scheint es mir, ich käme nicht vom
Fleck. Einsam bin ich, bin es allezeit gewesen; verlassen, nicht
von Menschen, dieses würde mich nicht schmerzen, sondern
von der Freude heitern Genien, die mich in großer Schar um-
ringten, überall Bekannte trafen, überall Gelegenheiten mir wiesen. Gleich wie ein berauschter Mann der Jugend keck Gewim-
mel um sich sammelt, so scharten sie sich um mich her, der
Freude Elfen, und mein Lächeln, es galt ihnen. Meine Seele hat
die Möglichkeit verloren. Sollt ich mir etwas wünschen, ich
würde mir nicht Reichtum wünschen oder Macht, sondern die
Leidenschaft der Möglichkeit, das Auge, welches ewig jung und
ewig glühend überall die Möglichkeit erblickt. Der Genuß
täuscht, die Möglichkeit nicht. Und welcher Wein ist wohl so
schäumend, welcher wohl so duftend, welcher so berauschend!

Wo der Sonne Strahlen nicht hindringen, da dringen doch die
Töne hin. Mein Gemach ist dämmericht und düster, eine hohe
Mauer hält des Tages Licht beinahe fern. Es muß im Nach-
barhofe sein, vermutlich ein herumziehender Musikant. Was ist
es für ein Instrument? Eine Rohrflöte? ... Was höre ich – das
Menuett aus Don Juan. So traget mich denn wieder fort, ihr
reichen und starken Töne, zum Kreis der Mädchen, zu des Tan-
zes Lust. – Der Apotheker stößt seinen Mörser, das Mädchen
scheuert seinen Kessel, der Stallknecht striegelt sein Pferd und
klopft den Striegel auf dem Pflaster aus; allein mir gelten diese
Töne, allein mich grüßen sie. O, habe Dank, wer du auch seist,
hab Dank! So reich ist meine Seele, so gesund, so freudetrunken.

Lachs ist an und für sich eine sehr delikate Speise; bekommt
man aber zuviel davon, so schadet es der Gesundheit, da er

schwer verdaulich ist. Als daher einmal in Hamburg eine große Menge Lachs gefangen worden war, ordnete die Polizei an, kein Hausvater dürfe seinem Gesinde mehr als einmal in der Woche Lachs vorsetzen. Es wäre wünschenswert, daß ein gleiches Polizeimandat angeschlagen würde, betreffs der Sentimentalität.

Mein Leid ist meine Ritterburg, die einem Adlerhorste gleich hoch auf des Berges Spitze zwischen Wolken liegt; niemand kann sie erstürmen. Von ihr stoße ich hernieder in die Wirklichkeit und packe meine Beute; jedoch ich bleibe nicht da unten, ich bringe meine Beute heim, und diese Beute ist ein Bild, das ich hineinwebe in die Tapeten meines Schlosses. Allda leb ich einem Toten gleich. Alles, was erlebt ist, tauche ich unter in die Taufe des Vergessens zum ewigen Leben der Erinnerung. Alles Endliche und Zufällige ist vergessen und getilgt. Da sitze ich als ein alter grauhaariger Mann in Gedanken und erkläre die Bilder mit leiser Stimme, beinahe flüsternd, und mir zur Seite sitzt ein Kind und hört mir zu, wiewohl es sich an alles erinnert, ehe denn ich es erzähle.

Die Sonne scheint so schön und lieblich in mein Zimmer, im nächsten Zimmer steht das Fenster offen, auf der Straße ist alles stille, es ist Sonntag nachmittag; ich höre deutlich eine Lerche, die außen vor einem Fenster in einem der Nachbarhöfe trillert, außen vor jenem Fenster, wo das schöne Mädchen wohnt; weit fort aus einer fernen Straße höre ich einen Mann Krabben ausrufen; die Luft ist so lau; gleichwohl ist die ganze Stadt wie ausgestorben. – Da denke ich an meine Jugend und an meine erste Liebe – als ich noch Sehnsucht hatte, jetzt sehne ich mich nur nach meiner ersten Sehnsucht. Was ist Jugend? Ein Traum. Was ist die Liebe? Der Inhalt des Traums.

Etwas Wunderbares ist mir widerfahren. Ich ward entrückt in den siebenten Himmel. Allda saßen alle Götter in Versammlung. Aus sonderlicher Gnade ward mir die Gunst gewährt einen Wunsch zu tun. »Möchtest du«, sprach Merkur, »möch-

test du Jugend haben, oder Schönheit, oder Macht, oder langes
Leben, oder das schönste Mädchen, oder eine andre Herrlich-
keit von den vielen, die wir in der Kramkiste haben, so wähle
jedoch nur *ein* Ding.« Ich war einen Augenblick lang verlegen,
alsdann wandte ich mich an die Götter mit folgenden Worten:
»Hochverehrte Zeitgenossen, ich wähle ein Ding, daß ich alle
Zeit das Lachen auf meiner Seite haben möge.« Da war auch
nicht ein Gott, der ein Wort erwiderte, hingegen gaben sie sich
alle dem Lachen hin. Daraus schloß ich, daß meine Bitte erfüllt
sei, und fand, die Götter verstünden es, sich mit Geschmack
auszudrücken; denn es wäre doch wohl unangemessen gewesen, ernsthaft zu erwidern: »Es sei dir gewährt.«

Friedrich Hölderlin

Hyperion an Bellarmin

Zuweilen regte noch sich eine Geisteskraft in mir. Aber freilich
nur zerstörend!

Was ist der Mensch? konnt' ich beginnen; wie kommt es, dass
so etwas in der Welt ist, das, wie ein Chaos, gährt, oder modert,
wie ein fauler Baum, und nie zu einer Reife gedeiht? Wie duldet
diesen Heerling die Natur bei ihren süssen Trauben?

Zu den Pflanzen spricht er, ich war auch einmal, wie ihr! und
zu den reinen Sternen, ich will werden, wie ihr, in einer andren
Welt! inzwischen bricht er auseinander und treibt hin und wieder
seine Künste mit sich selbst, als könnt' er, wenn es einmal sich
aufgelöst, Lebendiges zusammensezen, wie ein Mauerwerk; aber
es macht ihn auch nicht irre, wenn nichts gebessert wird durch all
sein Thun; es bleibt doch immerhin ein Kunststück, was er treibt.

O ihr Armen, die ihr das fühlt, die ihr auch nicht sprechen möcht von menschlicher Bestimmung, die ihr auch so durch und durch ergriffen seyd vom Nichts, das über uns waltet, so gründlich einseht, dass wir geboren werden für Nichts, dass wir lieben ein Nichts, glauben an's Nichts, uns abarbeiten für Nichts, um mälig überzugehen in's Nichts – was kann ich dafür, dass euch die Knie brechen, wenn ihr's ernstlich bedenkt? Bin ich doch auch schon manchmal hingesunken in diesen Gedanken, und habe gerufen, was legst du die Axt mir an die Wurzel, grausamer Geist? und bin noch da.

O einst, ihr finstern Brüder! war es anders. Da war es über uns so schön, so schön und froh vor uns; auch diese Herzen wallten über vor den fernen seeligen Phantomen, und kühn frohlokkend drangen auch unsere Geister aufwärts und durchbrachen die Schranke, und wie sie sich umsahn, wehe, da war es eine unendliche Leere.

O! auf die Knie kann ich mich werfen und meine Hände ringen und flehen, ich weiss nicht wen? um andre Gedanken. Aber ich überwältige sie nicht, die schreiende Wahrheit. Hab' ich mich nicht zwiefach überzeugt? Wenn ich hinsehe in's Leben, was ist das lezte von allem? Nichts. Wenn ich aufsteige im Geiste, was ist das Höchste von allem? Nichts.

Aber stille, mein Herz! Es ist ja deine lezte Kraft, die du verschwendest! deine lezte Kraft? und du, du willst den Himmel stürmen? wo sind denn deine hundert Arme, Titan, wo dein Pelion und Ossa, deine Treppe zu des Göttervaters Burg hinauf, damit du hinaufsteigst und den Gott und seinen Göttertisch und all' die unsterblichen Gipfel des Olymps herabwirfst und den Sterblichen predigest: bleibt unten, Kinder des Augenbliks! strebt nicht in diese Höhen herauf, denn es ist nichts hier oben.

Das kannst du lassen, zu sehn, was über andere waltet. Dir gilt deine neue Lehre. Ueber dir und vor die ist es freilich leer und öde, weil es in dir leer und öd' ist.

Freilich, wenn ihr reicher seyd, als ich, ihr andern, könntet ihr doch wohl auch ein wenig helfen.

Wenn euer Garten so voll Blumen ist, warum erfreut ihr Othem mich nicht auch? – Wenn ihr so voll der Gottheit sind [seid], so reicht sie mir zu trinken. An Festen darbt ja niemand, auch der ärmste nicht. Aber Einer nur hat seine Feste unter euch; das ist der Tod.

Noth und Angst und Nacht sind eure Herren. Die sondern euch, die treiben euch mit Schlägen an einander. Den Hunger nennt ihr Liebe, und wo ihr nichts mehr seht, da wohnen eure Götter. Götter und Liebe?

O die Poeten haben recht, es ist nichts so klein und wenig, woran man sich nicht begeistern könnte.

So dacht' ich. Wie das alles in mich kam, begreif ich noch nicht.

Johannes Kepler

Neujahrsgabe

Ja, ich weiß es, gerade Du liebst das Nichts, gewiß nicht wegen seines geringen Wertes, vielmehr des witzigen und anmutigen Spiels halber, das man wie ein munterer Spatz damit treiben kann. So bilde ich mir leicht ein, eine Gabe müsse Dir um so lieber und willkommener sein, je mehr sie dem Nichts nahekommt ... Wie ich so grübelnd und sorgenvoll über die Brücke gehe und mich über meine Armseligkeit ärgere und darüber, zu Dir ohne Neujahrsgabe zu kommen, wenn ich nicht immer dieselben Töne anschlage, nämlich dieses Nichts angebe oder das finde, was ihm am nächsten kommt und woran ich die

Schärfe meines Geistes übe, da fügt es der Zufall, daß durch die heftige Kälte sich der Wasserdampf zu Schnee [lateinisch: Nix] verdichtet und vereinzelte kleine Flocken auf meinen Rock fallen, alle sechseckig und mit gefiederten Strahlen. Ei, beim Herakles, das ist ja ein Ding, kleiner als ein Tropfen, dazu von regelmäßiger Gestalt. Ei, das ist eine höchst erwünschte Neujahrsgabe für einen Freund des Nichts! Und auch passend als Geschenk eines Mathematikers, der Nichts hat und Nichts kriegt, so wie es da vom Himmel herabkommt und den Sternen ähnlich ist! Nur rasch die Gabe meinem Gönner überliefert, solange sie dauert und nicht durch die Körperwärme sich in Nichts verflüchtigt!

John O'Donohue

Die dunklere Schönheit dämmert langsam

Man wird nicht dadurch erleuchtet,
daß man sich Lichtgestalten vorstellt,
sondern dadurch, daß man sich das Dunkel bewußt macht.
C. G. Jung

Da wir uns selbst undurchschaubar sind, kommen wir nie mit uns zu Ende: Dies ist die Suche nach Sinn. Wir gehören uns nicht. Wir stehen ständig an neuen Grenzen und fragen uns, was wohl dahinter liegen mag. Im Entdecken liegt eine Schönheit, die uns zutiefst befriedigt. Wenn wir etwas Neues über uns selbst herausfinden, gewinnen wir festeren Boden unter den Füßen und werden freier. Es ist ein herrliches Gefühl, wenn wir mehr über das in uns verborgene Licht herausfinden, und wenn der strahlende Glanz in unserem Innern in neuen, unerwarteten Farben hindurchschimmert. Ohne narzißtisch oder arrogant zu sein, werden wir im Stillen genährt von der Entdeckung der Schönheit – der Vielfalt –, die uns innewohnt. Doch kann die Erfahrung des Entdeckens auch problematische Seiten haben. Wenn wir beginnen, die dunkle Schönheit unserer Komplexität freizulegen, kann es geschehen, daß uns unsere eigene Fremdheit erschreckt.

Beschäftigt mit unserer eigenen Gedankenwelt, unserer alltäglichen Routine und unseren Erwartungen, erhaschen wir selten einen Blick darauf, wie fremd wir eigentlich sind. Meist ignorieren und vermeiden wir die stets präsente seltsame Fremdheit, die jedem Individuum innewohnt. Jeder von uns wird sich irgendwann seiner eigenen Fremdheit bewußt. Nachts fördern unsere Träume seltsame Formen und Gestalten zutage. Manchmal haben selbst die respektabelsten Personen, echte Stützen der Gesellschaft, ein faszinierendes Nachtleben. In ihrer nächtlichen Traumwelt beschäftigen sie sich mit Dingen, an die sie tagsüber nicht einmal denken würden. Wenn sie einschlafen und die Kontrolle über ihr Bewußtsein verlieren, verwandeln sie sich im Traum in ungezähmte, ausschweifende Menschen. Die alten Griechen glaubten, daß die Figuren in unseren Träumen real sind, daß sie nachts den Körper verlassen und ihre Geschichten ausleben, um dann wieder in den Körper zurückzukehren, bevor der Schlafende erwacht. Wenn man bedenkt, wohin wir nachts im Traum gehen und wer wir nachts sind, ist es oft eine großartige Leistung, morgens zum Frühstück zu erscheinen!

Fremdheit lockt die Vorstellungskraft. Die Risse im alltäglichen Verhalten, durch die die Fremdheit hindurchschimmert, ziehen die Vorstellungskraft magnetisch an. Besonders faszinierend ist dies dort, wo das Scheitern eines anderen Menschen zur Gelegenheit wird, etwas über sich selbst zu entecken. Das

Scheitern des Anderen wird zum unbarmherzigen Spiegel, in dem die verlogene Fassade moralischer Werte hinterfragt und entlarvt wird. Joseph Conrad hat dieses Dilemma in seinen Romanen ›Herz der Finsternis‹ und ›Lord Jim‹ beschworen. Das Scheitern einer bewunderten Persönlichkeit, eines verehrten Mentors untergräbt das Glaubenssystem der Schlüsselfigur. Auch Dostojewski hat dieses Thema in epischer Form in seinem Buch ›Der Idiot‹ erforscht, wo eine heiligenähnliche Figur und eine kriminelle, destruktive Person in wechselseitiger Faszination aneinander geschmiedet sind. Manchmal fühlen sich das Gezähmte und das Fremde stark voneinander angezogen.

Dem Akt des Entdeckens wohnt schon deshalb Schönheit inne, weil seine Sehnsucht nach Ganzheit so lauter ist. Unsere Seele möchte ganz gewiß nicht jene Bereiche des Herzens mißachten, die den Erwartungen nicht entsprechen. Wenn wir uns selbst so weit vertrauen, daß wir unsere Fremdheit entdecken und integrieren können, machen wir uns ein Geschenk. Statt einen komplexen Bereich unserer Seele, der dennoch keine Ruhe geben würde, für nichtig zu erklären, haben wir uns selbst in die Arme geschlossen und umarmen den Menschen, der wir sind. Dies ist das Herz der Heiligkeit. Heiligkeit ist kein selbstgefälliger Rückzug ins Glashaus blasser Frömmigkeit. Heilig zu sein bedeutet, in die dichte Schönheit leidenschaftlicher Komplexität einzudringen. In seinem Hauptwerk ›Über das Heilige‹ sagt Rudolph Otto, die Erfahrung des Heiligen sei gleichzeitig »Tremens und Fascinans«, Zittern und Faszination. Und Edgar Allan Poe schrieb: »Es gibt keine erlesene Schönheit, deren Ebenmaß nicht eine gewisse Fremdheit innewohnt.«

Günther Anders

Ob wir nötig sind

Was der simple Zyniker tut: nämlich unsere Hoffnungen ruinieren, das ist eine rechtschaffene und durchsichtige Beschäftigung, und diabolische Kunst erfordert diese Beschäftigung kaum. Als Meister des Infernalischen bewährt sich der Zyniker erst dann, wenn er sogar seinen Zynismus zynisch zu verwenden versteht: mit diesem nämlich den Zweck verfolgt, uns zu trösten. In der heutigen Situation fragt er dann zum Beispiel:

»Hat die Welt *uns* nötig? Hat sie von *uns* etwas? Glaubt ihr vielleicht, sie würde es spüren, wenn wir nicht mehr da wären?«

Vermutlich würde sie das nicht spüren. Aber so fragt der Zyniker allein deshalb, weil er uns den Gedanken an das Ende damit erträglich zu machen wünscht. Seine Frage zu beantworten, erübrigt sich. Denn selbst wenn es zutrifft, daß die Welt nichts von unserem Nichtmehrdasein spüren würde – was würde das denn beweisen? Seit wann sind wir denn nur dazu da, um gespürt zu werden? Und wo steht es denn geschrieben, daß wir Freude am Dasein und Recht auf Dasein allein deshalb haben, weil wir als Angestellte der Welt herumlaufen? Und daß wir, wenn sich diese Anstellung als überflüssig erweisen würde, »lebensunwert« wären? – Ebenso überflüssig ist es aber auch, die Teufelsfrage, ob die Welt unser Verschwinden bemerken würde, zu bejahen, und, um diese Bejahung zu begründen, die abenteuerliche metaphysische These aufzustellen, daß wir (analog zu Heideggers »Hirten des Seins«) als die Hirten der Welt eingesetzt seien. Diese Begründung ist nicht nur (denn sie macht die Welt ja zur Herde) grenzenlos anmaßend, sondern zugleich auch lumpenhaft bescheiden. Haben wir es denn nötig, uns für unser Dasein zu entschuldigen, und uns zu diesem Zweck metaphysische Ausreden auszudenken?

Ludger Lütkehaus

Prolog im Himmel

Lange, sehr lange, ja, fast schon von Ewigkeit zu Ewigkeit hatte er an diesen Termin gedacht. Und nun war der Tag gekommen: Er würde nicht mehr länger allein sein! Bisher hatte es nur ihn und sonst nichts gegeben. Doch das war auf die Dauer zuwenig, zumal nichts wirklich sehr wenig war. Nein, das sollte sich ändern. Aus nichts sollte etwas werden – und nicht bloß etwas, sondern etwas Gutes, das unendlich viel besser als nichts war. Licht sollte werden, wo vorher Finsternis war.

Daß er das schaffen würde, daran hatte er keinen Zweifel: Wer sollte ihn daran hindern, da er doch allein war und nichts ihn stören konnte? Und an ihm sollte es nicht liegen. Zeit genug hatte er gehabt, genau zu planen, womit er beginnen wollte, was dann kommen und wie sich alles vollenden sollte. Zu dumm dafür war er sowieso nicht, im Gegenteil: Er war sehr klug. Bisher war ihm eigentlich überhaupt kein Fehler unterlaufen. Und da er auch noch einen ziemlich guten Charakter hatte, war nicht zu befürchten, daß er etwas Schlechtes machen würde.

Ja, wenn er sich ausmalte, *wie* gut alles werden würde; wie *sie* sich freuen und darüber staunen würden, was er sich alles für sie ausgedacht hätte, wurde seine Vorfreude riesengroß, beinahe größer als er selber, wenn das überhaupt möglich gewesen wäre.

Ein letztes Mal überdachte er alles noch einmal; und gerade, es war an einem Montag, wollte er anfangen zu schaffen, da fiel ihm plötzlich eine Frage ein, die er sich bis dahin noch nicht gestellt hatte, so gut sonst alles von ihm bedacht worden war: Warum sollte denn *überhaupt* etwas werden und nicht nichts bleiben? Sicher, bisher hatte er ja immer geglaubt, daß selbst dann, wenn nicht alles so gut werden würde, wie er es sich vorgestellt hatte, es besser als nichts wäre. Aber wieso denn »besser«? »Besser« für wen? Und »besser« als was?

Besser für ihn – zweifellos. Das war ja der Grund gewesen, warum er überhaupt auf diese Idee gekommen war. Er wollte nicht mehr allein sein. Vielleicht war er das schon zu lange gewesen. Außerdem ließ sein Mitteilungsbedürfnis es auf die Dauer einfach nicht zu, daß er alles für sich behielt.

Aber war es auch besser für sie, wo sie doch noch gar nicht waren, ohne ihn nie sein würden und es unter diesen Umständen für sie gar kein »besser« und schon gar nicht ein »schlechter« gab? Und dann: »Besser« als was? Ja, wie konnte etwas denn »besser« als das sein, was überhaupt nicht *war*, ja, ganz und gar *nichts* war? Und wie konnte dieses »schlechter« als etwas sein?

Er runzelte die Stirn: Das hatte er tatsächlich noch nicht bedacht, obwohl es keinen unpassenderen Moment für seine Überlegungen hätte geben können. Besser, er überschlief das Ganze noch eine Nacht.

Der folgende Tag war so schön, daß er am liebsten sofort mit dem Schaffen angefangen hätte. Doch es ging ihm nicht anders als am Vortag. Wieder dieselben Fragen, wieder dieselben Bedenken. Wurde er krank? Waren es seine Bedenken, die ihn angekränkelt hatten? Hatte er jedenfalls erst einmal angefangen zu denken, konnte er damit auch nicht mehr aufhören. »Besser« für wen? Immer galt das nur für ihn. »Besser« als was? Als nichts? Jedes »besser«, jedes »schlechter« zerrann ihm unter den Händen, sobald er das »etwas« mit dem »nichts« zusammenbrachte. Offensichtlich hatte dieses »etwas« keinen Vorzug vor dem »nichts«. Es gab hier einfach keinen Vergleich. Auf dieses vertrackte »nichts« schien überhaupt keiner der Begriffe zuzutreffen, die er sich bisher immer gemacht hatte. Und stellte er sich dann auch noch vor, daß ihm vielleicht wirklich nicht alles so gut gelingen würde, wie er es sich vorgenommen hatte, dann wußte er nicht einmal mehr, ob es denn auch nur für ihn besser sein würde, wenn es für sie gar nicht immer und unter allen Umständen gut wäre.

Andererseits, *durfte* denn alles überhaupt gut oder gar sehr gut werden – so gut, so mächtig, so klug, so vollkommen wie er? Bei aller Güte stockte er hier von neuem. Denn etwas mußte er doch auch für sich ganz allein behalten. Ein kleiner Unterschied wäre nicht schlecht. Und ob es dafür ausreichte, daß er schon so unendlich lange er war, sie aber nur durch ihn sein würden?

Nun, man würde ihnen irgendwie anmerken können, woher sie gekommen und daß sie vorher nichts gewesen wären. Aber würde das allein genügen, daß sie nicht so vollkommen wären wie er, zumal er noch gar nicht geklärt hatte, ob dieses vertrackte »nichts« wirklich schlechter war? Vielleicht reichte ein »nichts« nicht. Vielleicht wäre es gut, wenn es für sie noch ein zweites, zunkünftiges gäbe. Würde er sich dann nicht noch besser von ihnen unterscheiden können?

Aber der Unterschied durfte keinesfalls zu groß werden. Was er schaffen wollte, da hatte er keinen Zweifel, mußte mindestens das Beste von allem Möglichen sein. Denn sonst gab es ja überhaupt keinen Grund für das, was er vorhatte. Warum sollte überhaupt etwas sein, wenn es nicht das Bestmögliche und auf jeden Fall besser als nichts war?

Doch auch während der nächsten Tage ging es ihm nicht besser, die Nächte schlief er immer schlechter. Und Freitag nacht wälzte er sich völlig schlaflos hin und her. Er fühlte sich von allen guten Geistern verlassen. »Besser«, »schlechter«, »besser« für wen, »besser« als was? Ja, was sollte er ihnen denn sagen, wenn es für sie manchmal so schlecht wäre, daß sie am liebsten gar nicht mehr wären? Fast ging es schon ihm so, auch wenn ihm diese Möglichkeiten leider Gottes von vornherein verschlossen war, ewig, wie er nun einmal war. Wenn das dabei herauskäme, dann wäre doch alles umsonst gewesen – und nicht nur umsonst, sondern sogar schlechter als alles andere. Wäre es nicht besser, dem zuvorzukommen? Doch wie und mit was? Für einen Moment verschlug es ihm den Atem: etwa ganz einfach, ganz leicht mit diesem vertrackten »nichts«? Dann fehlte doch höchstens ihm etwas, aber niemandem sonst, und selbst ihm würde eigentlich nichts fehlen. Warum also nicht alles beim alten lassen – beim Alten, wie er mit einem Anflug von Heiterkeit bemerkte, bei sich?

So leicht konnte er allerdings von seiner Lieblingsidee noch nicht lassen. Den ganzen Samstag kämpfte er mit sich. Erst am Abend begann er, sich an den neuen Gedanken zu gewöhnen, zumal wenn er bedachte, daß der eigentlich nur auf den alten Zustand hinauslief, der so schlecht ja nun auch nicht war.

Und am Morgen des siebenten Tages, er hatte zum ersten Mal wieder besser geschlafen, wurde ihm vollends klar: Wenn er seine Ruhe auf die Dauer wiederhaben wollte, und das brauchte er dringend, weil ihn die letzte Woche doch sehr erschöpft hatte, ließ er besser ein für allemal die Finger davon. So beschloß er schließlich, das Schaffen ganz zu lassen.

In den nächsten Wochen und Monaten trauerte er manchmal noch seinem schönen Plan nach. Aber die Zeit, von der er wirklich sehr viel hatte, schloß auch diese Wunde. Und wenn er später daran zurückdachte, sagte er sich immer häufiger: »Mein Gott, was für einen Fehler hätte ich beinahe gemacht!«

Freilich war er auch eine außergewöhnliche Gestalt. Ja, was er in jener schaffensarmen, aber um so gedankenreicheren Woche erlebt hatte – einer wie er, der sonst alle seine Pläne ausführte, hatte seinen liebsten Beschluß zurückgenommen –, war so unglaublich, daß auch ganz andere Geschichten im Umlauf sind, sei es, daß es neben ihm doch noch andere Wesen gab, die er nicht kannte und die nicht so besonnen waren wie er, oder daß er selber am Ende auf den alten Plan zurückgekommen war. Aber das steht auf einem anderen Blatt.

Simone de Beauvoir

Pyrrhus und Cineas

Plutarch erzählt, wie Pyrrhus eines Tages Eroberungspläne schmiedete. »Zuerst werden wir Griechenland unterwerfen«, sagte er. – »Und dann?« fragte Cineas. – »Dann werden wir Afrika besiegen.« – »Und nach Afrika?« – »Wir werden nach Asien hinübergehen, werden Kleinasien und Arabien erobern.« – »Und danach?« – »Dann ziehen wir bis nach Indien.« – »Und nach Indien?« – »Ach«, sagte Pyrrhus, »dann werde ich mich ausruhen.« – »Warum«, meinte Cineas, »ruhst du dich nicht lieber gleich aus?«

Cineas scheint weise zu sein. Wozu aufbrechen, wenn man doch nur wieder zurückkehren muß? Wozu überhaupt beginnen, wenn man doch wieder innehalten muß? Und doch, wenn ich nicht von vornherein beschlösse, irgendwo innezuhalten, käme mir der Aufbruch noch sinnloser vor. »Ich will nicht A sagen«, sagt der Schüler eigensinnig. – »Aber warum denn nicht?« – »Weil man dann auch B sagen muß.« Er weiß: Wenn er erst einmal begonnen hat, wird er niemals fertig werden; auf B folgt das ganze übrige Alphabet, dann kommen die Silben, die Wörter, die Bücher, die Prüfungen und die berufliche Laufbahn; in jeder Minute wird ihn eine neue Aufgabe immer wieder auf eine weitere Aufgabe verweisen. Wenn es doch nie ein Ende hat, wozu überhaupt beginnen? Selbst der Baumeister des Turms von Babel glaubte, der Himmel sei eine feste Decke, die man eines Tages berühren würde. Wenn Pyrrhus die Grenzen seiner Eroberungen über die Erde hinausrücken könnte, über die Sterne und die fernsten Spiralnebel hinaus bis in ein Unendliches, das unaufhörlich vor ihm zurückwiche, dann wäre sein Unterfangen nur noch sinnloser; er würde sich verzetteln, sich nie auf ein bestimmtes Ziel konzentrieren. Der Reflexion

148

scheint also jeder menschliche Entwurf absurd zu sein, existiert er doch nur, indem er sich Grenzen setzt, und diese Grenzen kann man immer überschreiten, wenn man sich spöttisch fragt: »Warum gerade bis dahin? Warum nicht weiter? Wozu?«

»Ich fand, daß kein Ziel die Mühe einer Anstrengung lohnt«, sagt der Held Benjamin Constants. So denkt oft der Heranwachsende, wenn in ihm die Stimme der Überlegung erwacht. Als Kind glich er dem Pyrrhus: Er lief umher, er spielte, ohne sich irgendwelche Fragen zu stellen, und die Dinge, die er schuf, schienen eine absolute Existenz zu haben, trugen ihren Seinsgrund in sich. Eines Tages entdeckte er jedoch, daß er die Macht hatte, seine eigenen Ziele zu überschreiten: Jetzt gibt es für ihn keine Ziele mehr, sondern nur noch sinnlose Beschäftigungen, die er ablehnt. »Die Würfel sind gefälscht«, sagt er und schaut verächtlich auf jene, die älter sind: Wie können sie denn noch an das glauben, was sie unternehmen? Narren sind sie! Manche Menschen haben sich getötet, um dieses lächerliche Spiel zu beenden: In der Tat war dies die einzige Möglichkeit, damit Schluß zu machen. Denn solange ich lebe, quält mich Cineas vergeblich mit seinem »Und dann? Wozu?«. Trotz allem schlägt das Herz, streckt sich die Hand aus, entstehen neue Entwürfe und treiben mich vorwärts. Weise haben in dieser Beharrlichkeit das Zeichen für die unheilbare Torheit des Menschen gesehen: Aber kann eine so wesentliche Entartung noch Entartung genannt werden? Wo finden wir das Wahre, das Eigentliche des Menschen, wenn nicht in ihm selbst? Die Überlegung vermag den Schwung unserer Spontaneität nicht aufzuhalten.

Aber auch die Überlegung ist spontan. Der Mensch pflanzt, baut, erobert; er will, er liebt: Immer gibt es ein »Und dann?«. Er kann sich in jedem Augenblick mit stets neuem Eifer in neue Unternehmungen stürzen; so verläßt Don Juan eine Frau nur, um eine andere zu verführen. Aber selbst Don Juan wird eines Tages müde.

Und das Zwiegespräch zwischen Pyrrhus und Cineas beginnt immer wieder von neuem.

Indessen muß Pyrrhus sich entscheiden. Entweder bleibt er, oder er bricht auf. Was wird er tun, wenn er bleibt? Bis wohin wird er gehen, wenn er aufbricht?

»Wir müssen unseren Garten bestellen«, sagt Candide. Aber dieser Rat hilft uns nicht viel weiter. Denn welches ist mein Garten? Manche Menschen wollen die ganze Erde bestellen, während anderen ein Blumentopf zu groß erscheint. Manche sagen unbekümmert: »Nach uns die Sintflut!«, aber Karl der Große weinte, als er sterbend die Boote der Normannen sah. Eine junge Frau ärgert sich, weil ihre Schuhe Löcher haben, durch die das Wasser eindringt. Wenn ich zu ihr sage: »Was tut das schon? Denken Sie an die Millionen von Menschen, die im tiefsten China verhungern«, dann entgegnet sie mir zornig: »Die sind in China. Und es ist *mein* Schuh, der durchlöchert ist.« Indessen weint vielleicht eine andere Frau über die Gräuel der chinesischen Hungersnot. Wenn ich zu ihr sage: »Was geht Sie das an? *Sie* leiden ja keinen Hunger«, dann sieht sie mich verächtlich an: »Was liegt schon an meinen eigenen Annehmlichkeiten?« Wie kann ich also wissen, was mein ist? Christi Jünger fragten: Wer ist mein Nächster?

Welches ist eines Menschen Maß? Welche Ziele kann er sich setzen, und welche Hoffnungen darf er hegen?

Christian Morgenstern

Es pfeift der Wind ...

Es pfeift der Wind. Was pfeift er wohl?
Eine tolle, närrische Weise.
Er pfeift auf einem Schlüssel hohl,
bald gellend und bald leise.

Die Nacht weint ihm den Takt dazu
mit schweren Regentropfen,
die an der Fenster schwarze Ruh
ohn' End eintönig klopfen.

Es pfeift der Wind. Es stöhnt und gellt.
Die Hunde heulen im Hofe. –
Er pfeift auf diese ganze Welt,
der große Philosophe.

Autoren- und Quellenverzeichnis

Theodor W. Adorno (1903–1969), Philosoph, Soziologe, Musikwissenschaftler und Komponist. – Textauszug aus ›Regressionen‹. Aus: Minima Moralia. Reflexionen aus dem beschädigten Leben. (1951) Frankfurt a. M. 2001, S. 381–382. © Suhrkamp Verlag, Frankfurt a. M. 1951.

Günther Anders (1902–1992), Philosoph. – Ob wir nötig sind. Aus: Philosophische Stenogramme. München 3. Aufl. 2002, S. 65–66. © Verlag C. H. Beck, München 1965.

Aristoteles (ca. 384–ca. 322 v. Chr.), Philosoph. – Über die Seele. Denken und Vernunft. Übersetzt von Adolf Lasson. Textauszug aus: Aristoteles. Ausgewählt und vorgestellt von Annemarie Pieper. München 1997 (dtv 30682), S. 99–105. – Nikomachische Ethik. Tugend als Mitte. Übersetzt von Olof Gigon. Aus: ebd., S. 127–129. © Artemis Verlag, Düsseldorf und Zürich 1967.

Augustinus (354–430), Bischof von Hippo. – Über die wahre Religion. Übersetzt von Wilhelm Thimme. Textauszug aus: Augustinus. Ausgewählt und vorgestellt von Kurt Flasch. München 2000 (dtv 30692), S. 150–152. © Artemis Verlag, Düsseldorf und Zürich 1962.

Simone de Beauvoir (1908–1986), Schriftstellerin. – Pyrrhus und Cineas. Übersetzt von Alfred Zeller. Aus: Der Sinn des Lebens. Hrsg. von Christoph Fehige, Georg Meggle und Ulla Wessels. München 2000 (dtv 30744), S. 74–75. © Rowohlt Verlag, Reinbek 1964.

Valentin Braitenberg (geb. 1926), Kybernetiker und Autor. – Leib und Seele. Aus: Ill oder Der Engel und die Philosophen. München 2001 (dtv 12864), S. 66–69. © Haffmans Verlag, Zürich 1999.

Gautama Buddha (563–483 v. Chr.), geistlicher Lehrer. – Klarheit. Aus: Weisheiten des Buddha. Übersetzt von Elisabeth Liebl. Hrsg. von Anne Bancroft. München 2002, S. 42. – Liebende Güte. Ebd., S. 23. © Deutscher Taschenbuch Verlag, München 2002.

Anton Čechov (1860–1904), Arzt und Schriftsteller. – Nächstenliebe. Aus: Freiheit von Gewalt und Lüge. Gedanken über Aufklärung, Fortschritt, Kunst, Liebe, Müßiggang und Politik. Übersetzt und zusammengestellt von Peter Urban. Zürich 1992, S. 105. © Diogenes Verlag, Zürich 1983.

Marcus Chown, Physiker. – Leben auf der Erde. Aus: Das Universum nebenan. Revolutionäre Ideen in der Astrophysik. Übersetzt von Susanne Aeckerle. München 2003 (dtv 24365), S. 189–195. © Deutscher Taschenbuch Verlag, München 2003.

Cicero (106–43 v. Chr.), römischer Konsul und Philosoph. – Über das Alter. Aus: Cato der Ältere über das Alter. Mit Einleitung, Übersetzung und Anmerkungen hrsg. von Max Faltner. München 1982 (dtv 9186), S. 97–101. © Artemis Verlag, Düsseldorf und Zürich.

John Earle (ca. 1601–1665), Geistlicher. – Ein Mißvergnügter. Übersetzt von Thomas Eichhorn. Aus: Melancholie oder Vom Glück, unglücklich zu sein. Ein Lesebuch. Hrsg. von Peter Sillem. München 1997 (dtv 13012), S. 64–65. © Deutscher Taschenbuch Verlag, München 1997.

Umberto Eco (geb. 1932), Sprachwissenschaftler und Schriftsteller. – Große Kriege, kleine Frieden. Aus: Gratis-Prophezeiungen. Streichholzbriefe 2000–2003. Ausgewählt, übersetzt und eingerichtet von Burkhart Kroeber. München 2003, S. 44–47. © Carl Hanser Verlag, München Wien 2003.

Epiktet (ca. 50–120), Philosoph. – Über die Aufmerksamkeit. Aus: Epiktet/Teles/Musonius, Wege zum Glück. Auf der Grundlage der Übertragung von Wilhelm Capelle neu übersetzt und mit Einführungen und Erläuterungen versehen von Rainer Nickel. München 1991 (dtv 2269), S. 97–101. © Artemis Verlag, Düsseldorf und Zürich 1987.

Epikur (ca. 371–240 v. Chr.), Philosoph. – Über das Lebensziel. Aus: Epikur, Von der Überwindung der Furcht. Übersetzt und mit einer Einführung und Erläuterungen versehen von Olof Gigon. München 1991 (dtv 2268), S. 114–115. © Artemis Verlag, Düsseldorf und Zürich 1983.

Erich Fried (1921–1988), Schriftsteller. – Zwischengedanken. Aus: Gedichte. Ausgewählt und herausgegeben von Klaus Wagenbach. München 1995 (dtv 11997), S. 75. © Verlag Klaus Wagenbach, Berlin 1977. – Gutsein ist gut. Aus: Die Beine der größeren Lügen. Unter Nebenfeinden. Gegengift. Berlin 1999, S. 113. © Verlag Klaus Wagenbach, Berlin 1974.

Khalil Gibran (1883–1931), Schriftsteller, Philosoph und Künstler. – Von der Freundschaft. Aus: Der Prophet. Übersetzt von Ditte und Giovanni Bandini. München 2002 (dtv 36261), S. 59–60. © Deutscher Taschenbuch Verlag, München 2002.

Johann Wolfgang von Goethe (1749–1832), Schriftsteller. – Schwebender Genius über der Erdkugel. Aus: Werke. Hamburger Ausgabe, Bd. 1. Textkritisch durchgesehen und kommentiert von Erich Trunz. München 1982 (dtv 5986), S. 368–369.

Georg Friedrich Wilhelm Hegel (1770–1831), Philosoph. – Weltgeschichte und Weltgeist. Aus: Vorlesungen über die Philosophie der Geschichte. Sämtliche Werke, Bd. 11, Stuttgart 1949, S. 34.

Heinrich Heine (1797–1856), Schriftsteller. – Fragen. Aus: Der Sinn des Lebens. Hrsg. von Christoph Fehige, Georg Meggle und Ulla Wessels. München 2000 (dtv 30744), S. 40.

Friedrich Hölderlin (1770–1843), Schriftsteller. – Hyperion an Bellarmin. Aus: Hyperion oder der Eremit in Griechenland. Hrsg. von Joseph Kiermeier-Debre. München 1997 (dtv 2624), S. 60–62.

Karl Jaspers (1883–1969), Psychologe und Philosoph. – Schema der Weltgeschichte. Aus: Karl Jaspers, Was ist der Mensch? Philosophisches Denken für alle. Ausgewählt und kommentiert von Hans Saner, München 2003, S. 316–317. © Piper Verlag, München 2000. – Liebe. Ebd., S. 216–218, © Springer Verlag, Berlin 1932.

Immanuel Kant (1724–1804), Philosoph. – Beantwortung der Frage: Was ist Aufklärung? Aus: Immanuel Kant. Ausgewählt und vorgestellt von Günter Schulte. München 1998 (dtv 30683), S. 301–309.

Johannes Kepler (1571–1630), Astronom. – Neujahrsgabe oder Vom sechseckigen Schnee. Unter Mitw. von M. Caspar und F. Neuhardt übertr. von F. Rossmann. Berlin 1943.

Sören Kierkegaard (1813–1855), Philosoph. – Entweder – Oder. Ein ekstatischer Vortrag. Übersetzt von Emanuel Hirsch. Aus: Kierkegaard. Ausgewählt und vorgestellt von Boris Groys. München 1999 (dtv 30688), S. 73–78. © Prof. Dr. H. Hirsch, Aachen.

Heinrich von Kleist (1777–1811), Schriftsteller. – Brief an Wilhelmine von Zenge, 22. März 1801. Aus: Sämtliche Werke und Briefe. Hrsg. von Helmut Sembdner. München 1987 (dtv 12919), S. 634.

Frieder Lauxmann (geb. 1933), Jurist und Philosoph. – Die Universität des Nichtwissens. Aus: Die Philosophie der Weisheit. Die andere Art zu denken. München 2004 (dtv 34068), S. 23–29. © nymphenburger in der F. A. Herbig Verlagsbuchhandlung, München 2002.

Georg Christoph Lichtenberg (1742–1799), Mathematiker, Physiker und Aphoristiker. – Über die Macht der Liebe. Aus: Pfennigs-Wahrheiten. Ein Brevier von Rainer Baasner. München 1992 (dtv 12681), S. 60–61.

Ludger Lütkehaus (geb. 1943), Literaturwissenschaftler. – Prolog im Himmel. Aus: Nichts. Abschied vom Sein, Ende der Angst. Zürich 1999, S. 15–19. © Haffmans bei Zweitausendeins, Frankfurt a. M. 2003.

Marc Aurel (121–180), römischer Kaiser. – Die Hilfe der Philosophie. Textauszug aus: Marc Aurel. Wege zu sich selbst. Hrsg. und übersetzt von Rainer Nickel. München 2003, S. 23–24. © Patmos Verlag/Artemis Winkler Verlag, Düsseldorf und Zürich 2001.

Karl Marx (1818–1883), Philosoph und Schriftsteller. – Die Klassengegensätze. Aus: Karl Marx. Ausgewählt und vorgestellt von Oskar Negt. München 2001 (dtv 30684), S. 86–91.

Pravu Mazumdar (geb. 1952), Philosoph. – Ein Bild des Glücks. Aus: Die Macht des Glücks. München 2003 (dtv 24294), S. 15–17, 30–32. © Deutscher Taschenbuch Verlag, München 2003.

Christian Morgenstern (1871–1914), Schriftsteller. – Es pfeift der Wind. Aus: Sämtliche Galgenlieder. Über die Galgenlieder. Horatius Travestitus. München 1992, S. 245.

Friedrich Nietzsche (1844–1900), Philosoph. – Von der Herrschaft der Tugend. Aus: Friedrich Nietzsche, Weisheit für Übermorgen. Unterstreichungen aus dem Nachlaß (1869–1889) von Heinz Friedrich. München 1999 (dtv 30733), S. 269–271. – Irdische Gebrechlichkeit. Aus: Menschliches, Allzumenschliches I und II. Kritische Studienausgabe, Bd. 2. Hrsg. von Giorgio Colli und Mazzino Montinari. München 1988 (dtv 2222), S. 542–543.

Anaïs Nin (1903–1977), Schriftstellerin. – Absage an die Verzweiflung. Aus: Sanftmut des Zorns. Was es heißt, Frau zu sein. Hrsg. von Evelyn Hinz, übersetzt von Germaine Nobis und Gertraude Wilhelm. Frankfurt a. M. 1982, S. 22–25. © Scherz Verlag, Bern und München 1975.

Noble Red Man (1902–1989), Sprecher und Berater der Lakota-Indianer. – Die drei Kräfte der Welt. Aus: Hüter der Weisheit. Die spirituelle Welt des Lakotahäuptlings Noble Red Man. Übersetzt von Bettina Lemke. Hrsg. von Harvey Arden. München 2001 (dtv 36244), S. 43–45. © Deutscher Taschenbuch Verlag, München 2001.

John O'Donohue, Theologe und Philosoph. – Die dunklere Schönheit dämmert langsam. Aus: Schönheit. Das Buch vom Reichtum des Lebens. Übersetzt von Sabine Hübner. München 2004 (dtv 24391), S. 235–237. © Deutscher Taschenbuch Verlag, München.

Platon (ca. 427 v. Chr.–347 v. Chr.), Philosoph. – Die Verteidigungsrede des Sokrates. Textauszug aus: Platon, Die großen Dialoge. Übersetzt von Rudolf Rufener, München 1991 (dtv 2265), S. 47–57. © Artemis Verlag, Düsseldorf und Zürich 1991. – Über das Gute. Übersetzt von O. Apelt in Verb. mit K. Hildebrandt u. a. Aus: Platon. Ausgewählt und vorgestellt von Rafael Ferber. München 1997 (dtv 30680), S. 264–267. © Felix Meiner Verlag, Hamburg 1993.

Blaise Pascal (1623–1662), Mathematiker und Philosoph. – Der Mensch im Zwiespalt. Aus: Größe und Elend des Menschen. Aus den Pensées.

Auswahl, Übersetzung und Nachwort von Wilhelm Weischedel. Frankfurt a. M. und Leipzig, 7. Aufl. 2001, S. 61. © Insel Verlag, Frankfurt a. M. 1979.

Brigitte Röthlein (geb. 1949), Physikerin und Wissenschaftsjournalistin. – Denken. Aus: Sinne, Gedanken, Gefühle. Unser Gehirn wird entschlüsselt. München 2002 (dtv 33081), S. 85–89, 93–95. © Deutscher Taschenbuch Verlag, München 2002.

Bertrand Russell (1872–1970), Philosoph und Schriftsteller. – Textauszug aus: Lob des Müßiggangs. Übersetzt von Elisabeth Fischer-Wernekke. München 2002 (dtv 30851), S. 28–31. © Paul Zsolnay Verlag, Wien 1957.

Lee Smolin, Physiker. – Evolutionen. Aus: Warum gibt es die Welt? Die Evolution des Kosmos. Übersetzt von Thomas Filk. München 2002 (dtv 33075), S. 351–354. © Verlag C. H. Beck, München 1999.

George Steiner (geb. 1929), Literaturwissenschaftler. – Wir sind Gäste des Lebens. Textauszug aus: Errata. Bilanz eines Lebens. Übersetzt von Martin Pfeiffer. München 2002 (dtv 30855), S. 75–77. © Carl Hanser Verlag, München, Wien 1999.

Kurt Tucholsky (1890–1935), Schriftsteller. – Das ›Menschliche‹. Aus: Sprache ist eine Waffe. Sprachglossen. Zusammengestellt von Wolfgang Hering. Reinbek 1989, S. 26–28. © Rowohlt Verlag, Reinbek 1989.

Voltaire (1694–1778), Schriftsteller. – Tugend. Aus: Kritische und satirische Schriften. Zürich und München 1970, S. 733–734. © Artemis Winkler Verlag, Düsseldorf und Zürich 1970/1997.